ユーモア力

矢野宗宏

春陽堂

はじめに

私は、ユーモアコンサルタントという、日本ではまだ珍しい職業に就いています。どんなことをする仕事かというと、人間にとってなくてはならない「笑い」や「ユーモア」の大切さについて、日本国中いたるところへ出かけて行って、いろいろなやり方で皆さまにお伝えし、ともに勉強していく仕事です。

アメリカでは、三十年くらい前から登場して、今や確立された職業になっています。ところが、日本では笑いを一段も二段も低く見る風潮もあり、ユーモアコンサルタントという職業は、あまり広がりを見せていません。そんな中にあって、私はユーモアコンサルタントを職業としてから一〇年が経ちました。自分で言うのもなんですが、本当によくやってきたなと思います。

二〇〇二年の九月末で信用金庫の支店長を辞め、この職業に転進したのです。

私には子供が二人いますが、そのとき、上の息子が高校二年生で下の娘が中学二年生でした。これから教育費の負担がどんどん増えていく時期です。支店長という高額の安定した収入を捨ててユーモアコンサルタントなどという海のものとも山のものともわからない未知の職業に転進して良いのだろうか？ 正直そう考えなかった訳ではありませんが、一度しかない人生だから好きな事をやりたいとの熱い気持ちのほうが強くて突き進むことができました。一〇年やっていると、もちろん、いろいろと苦しいこともありましたが、今、二人の子供は大学を卒業して社会人として活躍してくれています。そして、私も元気に活動しています。

これは、妻の応援のおかげだとわかっていますが、それだけではなく、私が伝える笑いの講演やセミナーが皆さまに理解され、次々にたくさんの仕事をいただけたからだとも自負しております。そこで、一〇年という節目に、私が信じるビジネスに笑いを取り入れ企業業績や個人成績を伸ばす方法や、笑いで家庭円満にする方法、さらには、そもそも、なぜユーモアコンサルタントになろうと思ったのかなどを、正直に皆さんにお伝えしようと思います。笑いやユーモアで能力アップをはかりたいと思っておられるビジネスパーソンは、もちろんのこと、今、自分の生き方に漠然とした疑問を持っておられる方々や今の自分の仕事に不満を持っている方々にも、ぜひ、読んでいただきたいのです。ほんのちょっとしたヒントにはなると思います。どうぞ、最後までお付き合いのほど、よろしくお願い申し上げます。

目次

第一章　ユーモアコンサルタントになるまで

◆

ユーモアコンサルタントは、現在のところ国家資格でも何でもありませんので、誰でもなれます。つまり、私はユーモアコンサルタントだと言った人がユーモアコンサルタントです。しかし、我が国では広がりを見せていません。私の場合は、仲間二人とＬＬＰ（有限責任事業組合）笑いプロジェクトを設立して、日々研鑽をつんでいますが、後から加わったメンバーを入れても、ユーモアコンサルタントを名乗っているのは現在六名です。また、インターネットなどで調べてみても、私達の他にユーモアコンサルタントとして活躍されておられる方は数名です。もちろん、ユーモアコンサルタントという名称を使わずに、私と同じような活動をされておられる方々もいらっしゃいますが、それとても数名でしょう。

これは、我が国の笑いの文化が低いのではなく、幅が狭いことを意味していると思います。つまり、一般の方々は、お金を払って寄席やお笑いライブに行き、大いに楽しむとかテレビでお笑い番組を見てストレスを発散させるとか、笑いの受け手であることが多く、自らお金を払って、笑いを発信するための方法を練習するセミナーや研修に参加する人は少ないのです。

私は、お笑いの本場といわれる大阪のある文化センターで笑いやユーモアでコミュニケーションをよくするためのセミナー講師をやらせていただきましたが、受講申込者が少なくて開講できなかったことが何度もありました。また、企業においても、以前よりは、笑いやユーモアで業績をアップさせるための研修を行うようになったとはいえ、他の研修に比べると本当に少ないのが現実です。

このように、ユーモアコンサルタントへの需要が少なく、収入面も厳しいのが、広がりを見せない原因でしょう。私が、そんな不安定な職業をなぜ目指したのかといえば、それは、「笑いやユーモアの力に魅せられてしまったからだ！」というのは講演用のカッコいい表現で、正直なところ、最初からユーモアコンサルタントになろうと思っていたわけではありません。長いサラリーマン生活の中での、必然と偶然が織り成す綾が道筋をつけていったのです。

◆

私は、信用金庫で二三年間働きました。大学を卒業して、一新人として入庫し、営業店で預金係などの内勤をした後、渉外係としてお客様のところを訪問する仕事を永らく続け、主任、係長と昇進して一三年目に本部の営業推進部に異動、そこで六年働いて、再び営業店に、今度は支店長として転勤しました。

そして、支店長四年目のときに、信金を退職しユーモアコンサルタントとして独立したのです。私が、現在、ユーモアコンサルタントとして、収入面も含めて充実した生活をさせてもらっているとするなら、実にこの信金時代のサラリーマン経験が大いに役立っています。

特に、これから社会に出て行こうする若い人たちに伝えたいのですが、社会に出たら、どんな仕事をしたいのか、自分の若い力を何に役立てたいのかをしっかりと考えなければなりません。最近、講演終了後などに学生さんたちと就職について話し合ったとき、業種については何でもいい、大手企業ならばどこでもいいという考えの人が増えているように思います。就職戦線が厳しいので、無理ないかもしれません。

しかし、高い志を持たず、自分がいきたい業種ではないけれど、まあまあ名の知られた企業だ、ここでもいいだろうなどという気持ちで働き始めるとすぐに嫌になってしまいます。実は、私がそうだったのです。

そこで、私の経験から、さらに大事なことを伝えると、この仕事は自分に合ってなかった、こんなはずではなかった、嫌だ、辞めたいと思っても、すぐに辞めずに頑張ってみることをお勧めします。あなたが、その企業に採用されたのは縁があったからなのです。人は縁で繋がっているのです。この縁を大切にしましょう。学生時代は、お金を払って勉強を教えてもらうのですが、社会に出て働くと、お金を稼ぎながら人生の勉強をさせてもらうのです。働く（はたらく）ですから、はたの人は楽になりますが、自分がしんどくなったり、辛くなったりするのも当たり前かもしれません。今の仕事以外にやりたいことが見つかって、転職したい気持ちがマグマのように燃え上がってきたのなら別ですが、ただただ、今の仕事が嫌だから、逃げたいから辞めるのは感心しません。それでは、あなたの花も咲きようがありません。せめて、土の中の種が芽を出して、太陽に向かってしっかりと顔を上げるまでやってみましょう。

私の場合も、入庫して営業店に配属され、すぐに先輩職員はもちろん、他の同期の職員と比べても著しく仕事ができないことを思い知らされ、精神的に落ち込んで、辛い日々を過ごしました。しかし、何とかかんとか毎日毎日懸命に仕事をするうちに、それなりに仕事もできるようになり、やがて支店長もさせていただくことができました。

そこで、信金マン人生に一区切りがついたと考え、ユーモアコンサルタントに転進したのです。四六歳のときでした。すると、良い事がいっぱい起きました。まず、信金時代にお世話になっていた多くのお取引先やお客様から講演やセミナーのお仕事をいただきました。長年、信用金庫で真面目に働いてきたおかげで、素晴らしい人脈ができていたのです。

支店長を辞めてユーモアコンサルタントになったのは珍しい奴だと、多くのテレビやラジオ、新聞、雑誌などで取り上げていただきました。これもインパクトがありました。なによりも、一番大きかったことが、ビジネスパーソンに職場や仕事における笑いやユーモアの大切さを伝えたとき、信金での支店長経験が説得力を増しました。

信金の仕事が嫌で、すぐに辞めてユーモアコンサルタントを始めても、「へえ、何ですか、それ、あなた、いったい何者ですか?」と、相手にもされず、とても上手くいかなかったことでしょう。ひょっとしたら、ユーモアコンサルタントという職業は、ある程度の人生経験がいるのかもしれません。とは言うものの、私にしても、ある上司との出会いと、その上司が導いてくれた信金でのお笑い活動がなければ、長年、信金で働くパワーを生み出せなかったでしょう。今から思えば奇跡とも言える信金でのお笑い活動体験とはこのような体験だったのです。

◆

私は、関西大学法学部を卒業しています。しかし、授業にはあまり出席せず、卒業時の成績も良くありませんでした。そのかわり、四年間、クラブ活動には熱心に取り組みました。現在、上方落語協会の会長をなさっておられる六代桂文枝師匠を筆頭に、桂三歩さん、桂三象さん、桂三金さんなどのプロの落語家を輩出した落研の名門クラブである関西大学落語大学です。三年生のときにはキャプテン（正式名称が落語大学なので学長という）もやらせていただきました。こう書くと、明るく陽気で社交的な落語好きの面白い青年をイメージなさるかもしれませんね。

しかし、私は内気で引っ込み思案の人間でした。高校生のときに同好会で落語のようなものをした経験はありましたから、お笑い好きではあったのでしょう。ところが、大学に入ってまで落語でもあるまいと思い、関西大学に入学してからも、どこのクラブにも入部しませんでした。四月、五月と日が過ぎていきます。学生生活が面白くないのです。当時、関西大学二万学友などと言われていて、四月のキャンパスには学生が溢れています。休憩時間などになると学生食堂や教科書を販売する書店の前には渦を巻くような学生達の行列ができます。しかし、私は誰にも自分から話しかけることができません。人が多ければ多いほど孤独感が強くなります。まさに、二万人の中の孤独です。

授業に出ても、大教室で先生がマイク片手に行う授業で、これまた大勢の学生達の中で自分の席も決まっていません。高校生のときも、休み時間は自分の席で本を読んでいると落ち着くような生徒でしたが、少なくとも自分の席があったのです。文字通り、大学には自分の居場所がなかったのです。

そんなとき、落語大学の落語会を見ました。着物姿に青い法被を着た部員達の元気な呼び込みに引き込まれるように会場に入ったのです。とにかく腹を抱えて笑いました。さすがに名門関西大学落語大学の先輩達のレベルは高かったのです。ひとしきり笑い転げて会場から出てくると、自分の中から孤独感や閉塞感がなくなっているのです。大笑いするとスカッとするなぁ。気持ちいいなぁ。私が笑いの持つパワーを感じた瞬間だったかもしれません。

私は同期の中では一番遅く、一年生の九月に入部しました。皆から真面目だといわれる私のことです。居場所を見つけた思いで懸命に練習しました。

落語を通じて、青春時代の素晴らしい思い出もたくさんできました。中でも、二年生の夏合宿の思い出は、五六歳になった今でも自分の心に熱い感動となって残っています。

◆

一九七六年の八月、私は夏の合宿で広島に行きました。部員達は、日ごろの練習の成果を発表するために事前にお約束をいただいていた数箇所の老人ホームをいくつかの班に分かれて訪問しました。私が、行ったのは瀬戸内海にある小さな島の老人ホームでした。広島とその島を結ぶ小型のフェリーが日に一往復。私と数名の先輩、後輩たちは、朝の便でその島に渡りました。海からの風は爽やかで、船の中から見つめていた波が朝日を映して輝いていたイメージが残っていたのでしょうか、島の桟橋に降り立ったとき、その風までもがキラキラと光っていたような気がしたことをよく覚えています。

そこから、歩いて数分のところにある老人ホームを私達は訪れたのです。娯楽室には、二〇名ほどのお年寄りが待っていてくださいました。事務局の方から生の落語など聴く機会のない方々ばかりですから、思い切り楽しませてあげてくださいとのお話があったので、学生の素人落語ではありましたが、力一杯やらせていただきました。皆さん、大声で笑うということはありませんでしたが、やさしい目で本当に熱心に聴いてくださいました。

やがて、落語会が終わり、ホームをあとにしようと玄関口に立ったとき、車椅子の一人のご婦人が、急いで私に近づいてきておっしゃった。

「兄ちゃん、本当に楽しかったよ、孫が落語をやってくれているような気がして涙が出たよ。必ず、また来てよ。」

私の右手を両方の手で包み込むように握りしめたのでした。その指は細く弱々しかったけれど、心に広がっていくような温かさがありました。私は、言葉では言い表せない何か大きな贈り物をもらったような気がして、その老婦人の手を見つめ続けていました。落語というのは、人と人との心を繋ぐことができるなんと素晴らしいものなのでしょう。それ以来、私はより一層練習に励むようになりました。

◆

四年生になって、皆が就職活動をする頃になりました。私は、自分の方向性を決めかねていました。プロの落語家になりたいとの強い思いはありました。クラブの大先輩に、人気絶頂の六代桂文枝（当時は桂三枝）師匠もいらっしゃいますので、その門を叩いて・・・夢かうつつか布団で寝ている私が見上げる天井に何度も何度もその光景が浮かび上がってきました。しかし、引っ込み思案の私は、どうしてもその光景を現実のものとすることができませんでした。「やっぱりプロにはようならん」私はフラフラと起き上がると、あわてて支度をして会社訪問に出かけていくのでした。

支店長をしていたときに、同期の桂三象さんと酒を酌み交わしながら語り合ったことがありました。「らいむ（私の学生時代の芸名は爪田家らいむ）、おまえはプロにならなくて良かったわ、プロでやってる連中はな、俺はどんなことがあってもプロになる、たとえ飯が喰えなくても、踏まれても蹴られてもやっていく気持ちで弟子入りしてるんや、それを弟子入りしたいけど迷いがあるなどという時点で、もうアウトや、たとえプロになったとしても、三日ももたんかったと思うで。それより、おまえはおまえで頑張って、支店長をやってるんやから、よかったんと違うか」三象踊りで頭角を現し、プロの落語家として立派にやっておられる三象さんの言葉は、重たかったです。

◆

大手企業に会社訪問に行っても、はなから相手にされませんでした。クラブ活動に熱中するあまり、授業にもほとんど出ていなかったので、四年間で卒業できるかどうかわからないくらいの単位の取得状況だったからです。

私は、自分で自分の未来を切り開いていくような前向きな人間ではありませんでした。次は、どうしたかというと、すぐに父親を頼ってしまいました。父は、当時、大阪のある信用金庫に勤めていました。「お父さん、就職活動をしてんねんけど、どこもええ返事がないんや、お父さんが勤めている信用金庫に入られへんやろか」父親は、情けないような顔をしましたが、できの悪い息子ほど可愛いのです。人事の人に下げにくい頭を下げて面接が受けられるようにしてくれました。しかし、この信用金庫は不採用でした。あまりに成績が悪すぎたことに加えて、高い志がありません。父親が勤めてるところへでも・・などという考えですから、人事の人も、矢野さんの息子さんやけれど頼りないなぁ、ご遠慮いただこうとなります。それでは、なぜ、信用金庫で働くようになったのかといえば、私もずるいところがありまして、全然行く気はないのですが、本命での面接に役立つと思い、別の信用金庫も二つほど受けたのです。人生というのはわからないものです。この行くつもりのなかった信用金庫の一つから内定が出たのです。これが縁というものなのですね。こうして拾ってもらうようにして、ここに入庫が決まりました。

◆

一九七九年（昭和五四年）四月、大阪府八尾市に本店を置いていた八光信用金庫（現在の大阪東信用金庫）に入庫しました。そして、すぐに仕事が嫌になってしまいました。

私は、信用金庫に入りたくて入った人間ではありません。たまたま、父親が信用金庫に勤めていたから信用金庫を受けたような人間です。もし、父親が運送会社に勤めていたら運送会社を受けていたかもしれません。高校は普通高校、大学も文科系の学部です。私は、数字が苦手な人間で、そろばんもできなければ計算も遅いのです。もちろん、金融の知識や経済のことも何もわかりません。

当時は、大量採用の時代でしたので、私が配属された店にも一三名の新入職員がいました。商業高校を卒業してきた、私より四つも年下の女性職員たちは、そろばんの玉をはじく音も勇ましく、見事に伝票の数字を計算していきます。私はといえば、電卓で一人だけもたもたしながら、しかも、答えを間違えます。先輩や上司は良い人ばかりでした。私はいじめられたわけではありません。ただただ、自分自身が情けなくて、面白くなくて仕事が嫌になってしまったのです。それでも、まだ内勤のときは何とかかんとかやっていました。

しかし、一年後に外回り（八光信金では渉外係と呼ばれた）に出ると、惨憺たる有り様となりました。店の中で働いているときは、何か困った事ができたり、失敗をしても、後ろを振り向いたら先輩や上司が怒りながらでも何とかしてくれていました。ところが、渉外係としてお客様のところを訪問し、融資をはじめとする難しい話がでても、すくなくとも、その場ではすべて自分一人で判断し、交渉をまとめて帰らなければなりません。後ろを振り向いても誰もいませんし、携帯電話もない時代ですから、すぐに電話で指示を仰ぐわけにもいきません。自分で何とかしなければならないのです。

能力のない私は、融資の話などではお客様にグーッと押されてしまうのです。たくさんのお取引先に対して、すべてがすべてご希望どおりにご融資をさせていただけるわけではありません。中には、与信上の問題と現状の融資量から、当面は融資をお断りしなければならない先もたくさんあるのです。

先輩から引継ぎを受けて、初めて自分が担当する地区を訪問する前には、前任者と融資係も交えて、融資方針について充分に申し送りをします。ですから、私も知らないわけではないのです。ところが、担当したお取引先から、実際に融資の申込みを受けると、断らないといけない先であっても、どうしても断ることができないのです。

融資を受けられない先の社長さんから、「矢野君！、月末まで手形貸付で、五〇〇万頼むわ」と言われたとき、良くできる渉外係ならば、「社長、御社には、今月はご融資できません。他の方法を考えましょう」と明るくカラッと元気に押し返さなければなりません。しかし、私は、喉に団子を詰めたようになって、「うむむ、いや、あの、その、まあ、とにかく店に帰って、融資の役席に言うだけ言うてみます」などという言い方をしてしまいます。「言うだけとは、どういうこっちゃ、あんたとこと何年つきあいしてると思うてるねん、ごじゃごじゃ言うたら、もう、みんな解約するで！」「まあまあまあまあ」

店に帰っても、もう他のことを考える余裕もなくなり、頭がはちきれそうになっています。手形貸付五〇〇万円の融資案件協議書はつくったものの、今度は、融資の副長に切り出す勇気がありません。ここでも、良くできる渉外係りならば、融資案件を自分の考えをしっかりと入れながら、副長が納得するように説明する能力があります。

たとえば、「副長、○○社の社長さんから月末まで五○○○万円の手形貸付のお申込みがありました。いえいえ、良くわかっております。○○社は、当面、融資を控えさせていただく先ですよね。しかし、今回は、売掛金の回収のズレによるものですし、売掛先にもしっかり確認をとっています。それに、私が担当しておりますから、良くわかっておりますが、○○社の新製品が、まもなく軌道にのります。そうすれば、業況も好転します。○○社とは、長いお取引ですし、今、しっかりと支援するのが得策かと考えます。支店長には、私から説明しますので、副長！、支店長に回すだけ回してください」などと言うと、「ほな、おまえから説明せえよ」副長は、苦い顔をして、判を斜めに押しながらでも、支店長に回してくれるのです。

ところが、私には、自信と能力がありませんから、「副長、○○社の社長から五〇〇万の手形貸付・・・」と言いかけたところで、みるみる副長の顔が厳しくなってくると、もう続けることができません。「矢野、おまえ、そんな案件聞いてきたんと違うやろうな」「はあ、まあ・・」「もし、聞いてきたんやったら、はよ、断ってこい！」断りに行ける能力があったら、こんな案件は聞いてこないのです。融資案件協議書を持ってすごすごと自分の席に戻ると、ああ、どうしょうと思いながら、とりあえずそれを、自分の机の引き出しに入れてしまうのです。そして、明日、もう一度副長に話をしようと決めると、その日は、ちょっとホッとします。

翌日になると、この件が気になるのですが、他に用事もたくさんあるし、夕方になってからにしようと、また、先に延ばします。夕方になったらなったで、副長は忙しそうにしているなぁ、まあ明日でもええやろうとまた先延ばし。次の日の夕方、今日こそはと思っていると、今日は早帰りの日やぞ、もう、金庫閉めるぞとの声。うーん、また明日にしよう、このようにして、融資案件協議書は、私の机に入ったまま、日にちばかりが過ぎていきます。時間がたてばたつほど、話し辛くなっていきます。

そうして、一週間が過ぎたある日の昼、例の社長さんが顔色を変えて店にやってこられました。それはそうでしょう。私に融資の話をしたものの申込書を持ってくるどころか、うんともすんとも言ってこないのですから。午前中の集金を入金しに店に戻っていた私は、しまった、えらいことになったと心臓が縮み上がりました。

そのとき、店にいた支店長も、社長のただならぬ雰囲気を感じ取って、すぐに応接室に招き入れました。ここからが、やっぱり支店長です。私にはどうにもならない事態と思えたのですが、一〇分もしたら二人ともニコニコ笑いながら応接室から出てきたのです。「支店長、あんじょう頼んまっせ」「わかりました」社長を送り出すと、支店長は、自分の席で小さくなってうなだれている私のところにやってきて、ボソッと言いました。「矢野君、君はあかんなぁ」私は、自分のふがいなさに消え入りたいような気持ちになって、一層落ち込んでしまいました。

こんな仕事ぶりですから、成績も上がるはずがありません。半年ごとに発表される成績は、いつも下位でした。数字の目標もいつも未達です。また、信用金庫を辞めたくなります。しかし、もちろん、辞める勇気もありません。毎日毎日、心に不平不満を持ちながら、辛い、苦しい、嫌だ嫌だと思いながら働くのです。こんな精神状態で働いていては、仕事中に笑いが出ることなどまずありません。なぜなら、ビジネスにおける笑いは、心の余裕の表れだからです。せっかく、大学の落研で落語を通じて笑いを研究していたのに、それを全く活かすことができなかったのです。

お客様を笑わせるどころか自分自身を笑い飛ばすことさえできず、毎日の仕事にのた打ち回っていたのでした。

◆

充実感がなく、ビクビクオドオドしながら、毎日、出勤簿に判を押すだけの仕事ぶりが続きました。しかし、入庫してから一〇年目に、私は変わることができたのです。ある上司との出会いと、その上司が引き出してくれた私の中にあった笑いのパワーのおかげです。

一九八九年（平成元年）一月、私が、今も人生の師と仰ぐ中川政雄氏が、山本支店の支店長として転勤して来られました。私も、同じ日の人事異動で山本支店に転勤となったのです。運命の出会いです。ただの偶然です。しかし、人は進み方次第で偶然を必然に、そして、それを奇跡にすることさえできるのです。中川支店長は、一〇年間ですっかりやる気と勇気を失くしてしまった私に、こうおっしゃいました。「矢野君、人の出会いは奇跡なんや、いつ、どこで、誰と、どんなふうに出会うかによって、その後の人生が大きく展開していくことがあるんや、今、ちょっと恵まれてないからといって腐るなよ、今、花が咲かないからといって焦るなよ、君は、春に咲く花やのうて、秋に咲く花かもわからんぞ、俯いていたら何も見えない、まずは、しっかりと顔を上げて前を見ることから始めるんや」

中川支店長は、笑い声の大きい明るくて元気な方でした。信用金庫の朝礼は、目標に対する実績の数字発表など堅い内容が多いのですが、支店長は、朝から、自分の失敗談や面白い話をどんどんするのです。若い女性職員等は声を上げてゲラゲラ笑います。みんなの雰囲気が柔らかくほぐれたとみるや、クッと表情を引き締めて、「私が、山本支店長になった限りは、優秀店を取りにいきます。なあ、みんな、力を合わせて頑張ろうな」などと大きな声で呼びかけます。次の瞬間、ベテランから今年入った職員まで、「わかりました」と返事をしています。一〇年間でやる気と自信を失ってしまっていた私でさえもです。独特のカリスマ性を持っていました。

こんな支店長でしたから、職員の宴会で私が披露した小咄に腹を抱えて畳を叩いて笑ってくれ、「おまえは、凄い奴や!」と言ってくれたことも不思議ではありません。しかし、そのあくる日に、私を自分の席に呼んで、「矢野君、昨日の宴会は盛り上がったなぁ、面白かったなぁ、あれからずっと考えていたんやけどな、この山本支店に俺とおまえでお笑いのサークルをこしらえて、地域のいろいろなところへ出前寄席に行こうや」とおっしゃったことは奇跡といえるでしょう。

今でこそ金融自由化時代ですから、銀行や信用金庫もアイデアを凝らした様々なイベントを行うようになりましたが、この当時は、まだ規制金利時代であり、金融機関にはいろいろな制約がありました。そんなときに、大店舗の支店長が、できの悪い職員と一緒にお笑いをやろうというのですから、一般的には非常識このうえないことです。

とにかく、私には支店長の深い考えも、笑いの持つパワーも何もわかりません。ただただ支店長から直接に「お笑い研究会を一緒にやろう、俺がプロデューサーで、おまえが会長や」と言われたことが嬉しくて、二つ返事で引き受けました。これが、後に数多くのマスコミで取り上げられ大ヒットした八光信用金庫お笑い研究会誕生のいきさつです。

◆

二人でスタートしましたが、やはり支店長がプロデューサーですから部員も少しずつ増えてきます。支店長は近くの神社で町会のカラオケ大会があると聞けば、司会をやらせてほしいと頼みに行ったり、地域の敬老会や老人ホーム、養護学校などに笑いの出前はどうですかと呼びかけたりしてくれました。あるときなどは出演機会の少ないメンバーのために、支店長がご自宅を会場にして寄席を開催してくださったこともありました。支店長のお宅は、農業を営んでおられた旧家なので、屋敷の部屋の襖を全部取り払ってしまうと、何十人もが座れる大広間になります。そこにご近所の皆さんに集まっていただきました。

お笑い研究会の出演者は、私が落語、小咄をする者が一人、漫才が一組といったところです。これだけでは、寄席としては寂しいので、関大落研の一年後輩である浪漫亭砂九（ろまんていすなっく）さんに名古屋から来演してもらいました。それと、特別ゲストとして、これも落研の二年後輩で、六代桂文枝（当時は桂三枝）師匠に弟子入りして人気が出始めていたプロの落語家、桂三歩さんをお招きしてトリをとっていただきました。ご自宅の塀に貼られた「桂三歩来る！」というビラの効果も手伝ってか、当日は会場に入りきれない人が、押し合いながら庭から中を覗き込むほどの大入り満員となりました。

お客様方は、支店長のご近所やお知り合いですから、どこまでも温かく素人の拙いお笑いにも大きな拍手と声援を送ってくださいました。私だけでなく、お笑い研究会の出演メンバー全員が、お客様に笑ってもらえる快感に酔いしれた夜でした。寄席がはねた後は、打ち上げの大宴会をご自宅でしてくださいました。支店長の奥様にも本当にお世話になりました。私は落語を演じることで、仕事では使わない細胞が活性化し、身体の中に今まで味わったことのない自信がみなぎってくるのを感じていました。

◆

今度は、いよいよお取引先のお客様にアピールしようと、山本支店の三階会議室を即席の寄席小屋に作り変えて、落語会を開いたこともありました。この企画をおまえに任せると支店長から言われたとき、私の心は躍りました。残念ながら、信金での今までの仕事では湧いてこなかった意欲が湧き上がってきたのです。後に、この意欲が本業にも活きてくるのですから、得意なことで自信をつけさせてもらったという意味で、私にとってお笑い効果は大きかったといえます。この落語会も大入り満員、大成功させることができました。

しかし、何と言っても平成元年のこと、今とは違い金融機関に対してもっともっと堅いイメージがあった時代です。大半のお客様は好意的に見てくださいましたが、中には、不真面目だ、金融機関の職員にあるまじき行為だと厳しい声を上げる方もいらっしゃいました。また、信金職員の中にも、俺達は、お笑い金庫と言われている、恥ずかしい、情けないと私達に冷たい目を向ける人たちもたくさんいました。中川支店長は、そんなこともこんなことも、すべてを引き受けて、私が元気にお笑いに取り組めるようにしてくださいました。

今は、みんな懐かしい思い出となっていますが、初期にはお笑いの活動での失敗も数多くありました。例えば、ある業種のお取引先が集まって会を作っておられたのですが、その総会で落語をやらせていただくことになりました。このときは、私一人の出演でしたが、支店長が熱心に頼んでくださったからやっと決まったものでした。当日は、業務終了と同時に着物を入れた鞄を持って、大きな座布団を抱えて近鉄八尾駅前の料理屋へ約束の時間に行きました。

幹事さんの社長は紳士で、ニコニコしながら迎えてくださいました。「八光さんですね。支店長から聞いています。先に打ち合わせをしておきましょう。この和室の大広間が会場です。まず、総会を行います。これは粛々とやりますから、その間は襖の外で待っていてください。そして、総会が終わって乾杯があって、しばらくすると場が打ち解けてきます。頃合の良いところで、私があなたのことをグウーッと盛り上げて紹介します。どうぞと大きな声で言いますから、襖をパッと開けて座布団を持って登場して一席やってください」「わかりました。よろしくお願いいたします」着物に着替えて座布団を持って待っていました。

　襖一枚ですから、中の様子は良くわかります。ああ、総会をやっているな、ああ、もうそろそろ終わりやな、乾杯の声やな、もうすぐや、緊張で胸がドキドキしてきます。ところが、三〇分経っても一時間経っても声がかからないのです。大広間は、かなり盛り上がっているようです。忘れられているのと違うやろうな、さすがに心配になって襖をそうっと開けると、着物姿ですから目立たないように身体を低く這うようにして幹事さんのところに行きました。「あのう、襖の外で待たせていただいてるのですが・・・」もうだいぶお酒を飲んで真っ赤になってる幹事さんの顔に狼狽の表情が浮かびました。「あっ、出ていただきます。今からどうぞ」座布団を持って登場はしたものの、皆さんお酒がだいぶ入ってすでにでき上がってるご様子。

八尾市は河内音頭が有名ですが、部屋の真ん中では、大きな河内音頭の輪ができています。右の前のほうでは、何人かの方々が大声で笑いながら名刺交換をしています。幹事さんでさえ隣の方と身振りを交えて喋っています。とにかく誰一人として聞いてくれる人がいないのです。それでも、座布団の上に座って、五、六分はやったでしょうか。それとも、二、三分しかできなかったかもしれません。肩を落としてすごすご部屋の外へ出ました。そういえば、私のほかに若いプロの女性司会者の方が来られてましたが、「司会みたいなもん、どうでもええ、こっちへ来て酌をせえ」という酔ったお客さんに、司会をしながら悪びれずにお酌をしていました。さすがに、プロはすごいなぁと思いました。

私が、意気消沈して着物をたたんでいると、先ほどの幹事さんがやってきて、「良かったですよ」何が良かったんや、やらないほうが良かったんかいな、あのときは、本当に情けない思いをしました。

◆

ある夏の夜、大きな自社ビルをお持ちの優良取引先が、この本社ビルの屋上で焼肉パーティーをすることになりました。ここに招かれたのです。こちらでは、ありがたいことに、私のために準備万端整えて待っておられました。屋上の中央には、赤い毛氈を敷いた立派な舞台が作られています。その上には、ふかふかの大きな座布団、前に良くとおるマイクも置かれています。舞台の前の五〇脚ほどの椅子は、社員さんでぎっしりうまっています。

時間になると、幹事役の部長さんが、「今日のパーティーには特別ゲストをお招きしています。いつもは、皆さんの集金をしている八光信金の矢野さんが、今宵は落語家、信金亭八光として一席ご機嫌を伺います。それでは、八光さんどうぞ」出囃子に乗って、私が舞台に登場します。顔を良く知っている社員さんがたくさんいらっしゃることもあって万雷の拍手です。いける！そう思って、一言喋りかけた丁度そのとき、真っ暗な空からドドッと車軸を流すような雨が降り出しました。顔にバチバチあたると痛いくらいの大粒の雨です。夏の夕立にあってしまったのです。

「ひゃーっ」女性社員は大声を上げ、男性社員もあわてふためいて、あっという間に、蜘蛛の子を散らすようにオフィス内に入ってしまいました。誰もいなくなった椅子のあたりは、見る間にバケツの水をひっくり返したような状況です。私はというと、高座で落語をしているのですから、どうするべきか一瞬判断に迷ったことと、正座をしていたこともあって逃げ遅れてしまったのです。

三〇秒くらい座っていたのでしょうか。いやいや、ほんの一〇秒くらいのことだったのかもしれません。しかし、頭と言わず着物と言わず、とにかく頭のてっぺんからつま先までボトボトになってしまいました。自分も退避しておられた先ほどの部長さんが、あわてて戻ってくると、私に傘を差しかけてくれながら、「残念ですが、今日はこのへんで・・・」控え室に戻ってボトボトになった着物からスーツに着替えていると、また、例の部長さんが入って来られました。手には綺麗に包装された大きな箱が入った紙袋をさげておられます。「いやあ、矢野さん、せっかく来てもらったのに、こんなことになって残念です。これは、ほんの気持ちです。どうか、持って帰ってください」「いえいえ、部長、こんなことをしてもらってはいけません、私のほうがいつもお世話になっているのですから・・・いけませんて・・・」「いやいや、そんなふうに言ってもらうほどのもんではありません。どうぞ、どうぞ」「そうですか、それでは、遠慮なくいただきます」

内心は何をくれたんやろうとワクワクしながら家に帰って開けてみると、

バスタオルが入ってました。シャレかこれは！

◆

初めて、特別養護老人ホームに出前寄席に行ったときも失敗してしまいました。私の不勉強ゆえに佐々木政談という難しい古典落語をやってしまったのです。特養には、認知症の方もたくさん入所されておられます。古典落語は退屈で面白くないのです。学生時代は、お客はたいてい家族か友人、知人です。面白くない落語でも、我慢して拍手くらいはしてくれましたが、特養に入所されておられる方で、子供さんのように純心になっておられる方は、正直ですから面白くないものは、面白くないとはっきりおっしゃいます。

古典落語は、右を向いたり左を向いたりして人物を分けてせりふを言うのです。武士になって左を向いてせりふを言ったとき、一人のおばあさんと目があいました。よほど、退屈だったのでしょう。そのおばあさんは、私に向かって大きな声で、「兄ちゃん、わからへーん！」おばあさんには申し訳なかったのですが、私は身体の向きを少しだけ変えて、おばあさんと目があわないようにしました。そして、右を向いてせりふを言っていると、こんどは、あるおじいさんと目があいました。すると、その方が何を思ったのかスッと立ち上がって、正座をして落語をしている私の目の前三〇センチくらいのところにあぐらをかいてドカッと座ると、私を見てこう言ったのです。「良夫、なんでわしをここへ入れたんや！」知らんがな、良夫やないちゅうねん、きっとご自分の息子さんと間違えておられるのでしょう。それからも、私にいろいろと言い続けておられます。さすがに、それ以上落語はできなくなって半ばで降りてしまいました。

このことを良い勉強にして、それからは特別養護老人ホームへ行かせていただくときは、長いうさぎの耳に赤い鼻と丸い尻尾を付けてバニー宗ちゃんというキャラクターをこしらえ、元気いっぱい跳んだりはねたりしながらお笑い体操をしています。これなら、車椅子の方も上半身で一緒にやっていただけるので、大いに盛り上がることができるのです。

◆

このような失敗を重ねながらも、やっぱりお笑いが好きなのです。主に信用金庫が休みの土曜や日曜に山本支店の営業地域のいろいろなところに出前寄席に出かけては、皆さんと笑いの交流を続けていました。すると、不思議なことが起ってきました。信用金庫に入ってから、仕事に対する意欲がどうにも湧かず、今一つであった私の成績がグングン伸びていったのです。お笑いをすると、どうして成績が伸びたのかは、講演編や実践編で詳しく書かせていただきますが、この事実で私は、仕事に笑いを取り入れると能力アップできることを実感したのです。

誤解がないように記しておきますが、もちろんお笑い研究会活動をしているからといって、私が支店長に日常の業務において特別の点数加算などをしてもらったわけではありません。中川さんは、お笑い研究会プロデューサーとしては本当に優しい人でしたが、支店長として業務を遂行していくうえでは、たいへん厳しい面を持っていました。私が能力不足ゆえにお客様に失礼な対応をしたり、目標意識が低く力が抜けていたりすると、支店長の席の前に立たされて大声で注意を受けました。他の職員がびっくりするような大きな声です。しかし、注意された後はいつもスッキリした気持ちになれました。

なぜだろうと思ったものでしたが、後に私が支店長になったときに教えてくれました。「矢野、部下を叱るときは、自分がその部下に注いでいる愛情の範囲内でしか叱ってはならない。自分が日頃かけている愛情以上に叱ってしまうと、相手はそれを恨みに思ってしまうんや」なるほど、そうだったのか、支店長は日頃私に大きな愛情を持って指導してくださったのです。私もそれを潜在意識の中で理解していたから、どんなに厳しく怒られた後でも、黒い雲が去り、暖かな日が差したような爽やかな気持ちになれたのです。

◆

お笑い研究会は、一九九〇年（平成二年）九月一二日に山本支店単独のサークルから八光信金厚生会のクラブに昇格することができました。中川プロデューサーの強い働きかけに加えて、金融経済新聞社が行った人間広告塔コンテスト（自分が勤務している企業を三分間で面白おかしく紹介するコンテスト）に私と副会長のブッタ・アーチこと安立良明さんがコンビで出場し、見事グランプリに輝いたことも大きかったと思います。

翌年の一九九一年（平成三年）五月、中川プロデューサーが山本支店長から本店の営業推進部長に大抜擢されました。一年後に、私も営業推進部に異動となり、お笑い研究会の活動も全店規模となりました。中でも大ヒットしたのが「ハッコーすえひろ寄席」の開催です。八尾市プリズムホールに全店のお客様からご希望者にご来場いただき、お笑い研究会メンバーが寄席をするのです。いつもは集金に来る渉外担当者が落語やコントを演じたり、窓口の女性職員が漫才をするのですから、物珍しさも手伝って、ご来場者の数も回を重ねるごとにうなぎのぼりです。ついには四日間の八回公演で、延べ四〇〇〇人のお客様を集めるまでになりました。この時期に年金の受け皿口座を飛躍的に伸ばしたのですが、もちろん、すえひろ寄席だけの効果とは言いませんが、大きな要因となったのは事実です。これも笑いをビジネスに取り入れた一つの例と言えるでしょう。信金職員が、これだけ大規模に寄席をやれば、マスコミも注目しないはずがありません。ＮＨＫのクローズアップ現代やフジテレビ系列のめざましテレビをはじめ、たくさんのテレビ、ラジオ、新聞等で取り上げていただき、信用金庫の名前を広めることにも繋がりました。

◆

私が、ユーモアコンサルタントを意識するようになったのは、一九九七年(平成九年)七月にアメリカのオクラホマで行われた国際ユーモア学会に参加し、アメリカ人のユーモアコンサルタントにお会いしたときからです。当時、お笑い研究会は、私の大学落研時代に顧問をしていただいた井上宏関大教授(現関西大学名誉教授)が会長をなさっていた日本笑い学会の一つの支部でした。そのご縁で、日本笑い学会の会員として、私とブッタ・アーチさんが参加したのです。会場はオクラホマ中央大学でした。私は、この大学で日本の落語家について英語で発表させていただきました。そのときの私の日記が残っているので、そのままご紹介しましょう。

平成九年七月八日

いよいよ発表のときがきた。場所は大学内のペガサスシアターというホール。まず、長島氏（長島平洋日本笑い学会副会長）が落語全般について英語で解説。続いて、大島さん（大島希巳江氏）が長屋のおかみさんの衣装とかつらで登場。落語の構造について流暢な英語で見事に解説。三番目に私、信金亭八光とブッタ・アーチがピンクの舞台衣装の着物とタキシード姿で登場し、落語家について怪しげな英語で解説。最後に鶴笑さん（笑福亭鶴笑氏）が古典落語「天狗裁き」を演じた。もの珍しさも手伝って全員大好評であった。

無事に発表を終えた私とアーチさんは、宿泊先のラマダホテルに泊まろうと着替えもせずにスーツケースを押しながら大学構内の道を急いだ。ところがどうにも埒があかん、ホテルは見えているのに行けども行けども着かない。ヒッチハイクをしようということになって、親指を立てて「ヘイヘイヘイ」てなこと言うてると四台目に小型トラックが止まってくれた。中から気のよさそうな逞しい青年が降りてきた。きっと先祖はカウボーイに違いない。私の着物姿を見て目を丸くしたので、私思わず、「ジャパニーズコメディアン」「オーウ、コメディアン！」青年は朗らかに私達のスーツケースを荷台にのせてくれると、我々も荷台に乗れと言ってくれる。「サンキュー」と言って乗ろうとするのだが、なんせ着物姿なので上手く乗れない。何度目かに勢いをつけてやっと飛び乗ったら、肩にさげていたショルダーバッグの紐が首に巻きついて鞄が頭にゴツン、私すかさず「ハハハハ、コメディアン」それを見た青年は、「オーウ、グレイト！」と言いながら手を叩いて喜んだ。ヒッチハイク大成功。ラマダホテルの前で降ろしてもらったとき、ブッタ・アーチが持っていた日本の扇子をプレゼントすると、この青年は妻へのプレゼントにすると言って大喜びだった。心美しき純朴なる青年は、若くして妻帯者であったのだ。今頃、あの扇子は、彼の優しい妻の頬に爽やかな風を送っていることだろう。

この旅で私は人生の実に多くのことを考えたのでした。日記にもあったようにオクラホマ中央大学はとにかく広いのです。塀などありませんが、大学の端がわからないくらい広いのです。田舎のことですから時間がゆっくりゆっくり流れていくのです。日本での私の七月といえば、夏のボーナス推進期間中ですから、もう二〇年近く来る日も来る日もお客様のお宅を分刻みで訪問しては定期預金を集めていたのです。ところが、世界各国の人々が集まって、ゆったりとした時間と空間の中で、笑いについて真剣に研究し論じ合う生き方もあるんだ、私の中にユーモアコンサルタントという漠然とした熱い塊りのようなものが宿った瞬間でありました。

◆

オクラホマでは、笑いや人生についていろいろ思いをめぐらせましたが、日本に戻ると、また、信用金庫の仕事を懸命に行いました。そのかいあって、一九九八年（平成一〇年）六月、全国信用金庫協会の第一回社会貢献賞グランプリを、八光信用金庫がお笑い研究会活動により受賞しました。その功績も認められたのでしょう、翌年の一九九九年（平成一一年）四月、私は、支店長候補の先輩職員一四〇名ほどをごぼう抜きして、支店長になりました。まさに、お笑いで支店長になったのです。

そして、二〇〇二年（平成一四年）九月に信用金庫を退職し、ユーモアコンサルタントに転進しました。決して店の業績が悪かったからではありません。感謝デーのときには、赤い落語用の着物を着てロビーに出て、「吉本の芸人さんかと思うたら支店長さんやのん」とお客様から可愛がられて、優秀店舗表彰を受けたこともあります。

しかし、信金支店長の顔と並行して、お笑い研究会会長としてお笑いをする私を、三人目の私が見て、支店長も立派な仕事だけれど、おまえには笑いのパワーを伝える仕事のほうが向いているぞと心の中に囁きかけるのです。そんな折も折、常務理事にまでなっておられた中川政雄氏がご自分の信念を貫く形で、金庫を退任され、事務所を立ち上げて講演や執筆をなさる道に進まれました。私も、ユーモアコンサルタントとして中川師の事務所へ行こう。もう迷いませんでした。社会に出るときに真剣に考えなかったから充実した日々を送れないことがあった、矢野宗宏四六歳、自分を信じてやってみよう！

この熱い思いを妻に正直に語りました。彼女は一言も反対しませんでした。そして、二人の子供たちを呼んで、こう言ったのです。「お父さんは、信用金庫の支店長を辞めてユーモアコンサルタントになりたいんやて。お母さんは応援するけど、あんたらはどうする？」高校生の息子は言いました。「僕はお父さんはいつかそう言うと思っていた、頑張ってや！」中学生の娘も優しく微笑みながら、「頑張ってね」温かい家族に囲まれて、ユーモアコンサルタントという天職へ転職です。

第二章　講演編

◆

私は、半年間の準備期間を経て、二〇〇三年（平成一五年）八月に税務署に開業届けを提出し、業務を開始しました。まず、初めに取り組んだのは講演活動です。自分が信じる笑いのパワーをできるだけ多くの人々に伝えたいとの熱い思いからです。やり方はこうです。日本には、講演の講師を派遣する会社や団体がたくさんあります。何十人も社員のいる大手企業から一人でやっておられるところまで形態は様々です。これらの会社に講師として登録していただき、ご紹介先で仕事として講演をして講演料を頂戴しています。

現在、一〇社以上登録していただいています。簡単なようですが、登録していただくのに苦労した会社もあります。中川師の事務所にお世話になってすぐ、ある大手の講師派遣会社に連れていってもらいました。中川さんは、実績がありましたから、社長がじきじきに会ってくださいました。当然のことですが、私がどんな話ができるのかいろいろ聞いてくださった後、「我が社の営業担当のリーダー達の前で、今から話をしてやってください」突然のお話に身体がカチカチになるのがわかります。会議室には楕円形の大きな机があり、私の反対側に六、七名のリーダーが座っていました。持ち時間は一〇分程度です。簡単な自己紹介に一分ほど使って、自分の信金でのお笑い活動体験が笑いのパワーを生んだ話をし始めました。一生懸命に話しますが、緊張のせいもあるのでしょう、どうも、皆さんの心を掴んでいないようです。俺は、これで生きていくために信用金庫を辞めたんや！　そんな強い気持ちがはたらいたからでしょう。気がつくと、私はビジネスシューズを脱ぐやいなや、机の上にスーツ姿のまま正座して、こんなこともできるんですと小咄をやっていました！　何人かのリーダーが笑ってくれました。社長の声がしました。「わかりました。ご持参いただいたプロフィールをもとに、私どもで正式のプロフィールを作成させていただきます。講演先をご紹介できると思いますよ」

◆

講演活動を行ううえで、講師派遣会社とともに、私が笑いを勉強するベースとなっている日本笑い学会（本部事務局　大阪市北区西天満四の七の一二電話＆ＦＡＸ　０６－６３６０－０５０３　一般会員、年会費一万円でどなたでも会員になれます）の存在も欠かせません。ここでは、笑いの講師団を編成しており、私も一員となっています。講演の尊いところは、それで生計を立てていることはもちろんですが、自分の信念や考えを日本各地の多くの人々に伝えることができる喜びです。私の話を聞いてくださった方の、「今日は、大笑いして元気が出た！」とか「業績が悪くて、気持ちが沈みがちやったが、明日から、また、元気出してやってみます！」などというお声を聞いたら、私こそガンガン元気が湧いてきて、ユーモアコンサルタントをやってよかったなぁと思うのです。私、誉められて伸びるタイプなのです。

一〇年やらせていただいて、研修やセミナーではなく、九〇分や一二〇分の講演回数が約六〇〇回になりました。都道府県でいうと、秋田県と沖縄県でまだ仕事をさせてもらってないのです。これを読まれた秋田県と沖縄県の皆さん、ご縁があれば講演のお仕事をください。死ぬまでにすべての都道府県でユーモアコンサルタント活動をしたいのです。あっ、もちろん、他の都道府県の皆さんもどんどんお仕事くださいねっ。

◆よくやらせていただく講演のテーマと内容は、

1.「笑いと健康」

二一世紀に入り、笑いが健康に良いという医学的な研究が進んでいます。日本笑い学会理事を務める私が、総会等で発表された事例を紹介しつつ、自分自身においては、信金でのお笑い研究会活動が心と身体にどのような良い効果を与えたかを面白おかしく講演します。主催者のご要望があれば、ラスト一五分を着物に着替えて簡易高座の上で小咄教室も行います。

2.「笑いとユーモアで業績アップ」

信用金庫に勤務しながら、企業内で職員のみのお笑いサークルを旗揚げし、その活動を通じて自分の仕事の能力を開花させ、支店長になったという体験談を笑いと情熱で語ります。また、笑いを取り入れた営業トークもご紹介します。ビジネスパーソンの皆さまに聞いていただくと元気とやる気が湧き上がってくること請け合いです。

3.「暮らしと金融」

二四年間、信用金庫で働き、支店長として業績を上げた実績を活かして、金融機関の本音と建前、裏と表を面白おかしく解説します。そして、これからは、どんな金融機関と取引していけば良いのか、また、取引するにあたって、どんなところに気を付ければ得するのかをお話します。金融セミナーや金融講演会というと、テーマからして、どうしても固い話になりがちですが、私はユーモアコンサルタントですから、自分が実際に体験した様々なできごとをギャグに仕立てて皆さまに笑っていただきます。さらに、金融機関で働いたものしか知らない内緒の話も織り込んで、笑いながら楽しく金融の話を聞いていただきます。自分の暮らしと金融について考えてみようという皆さまにはうってつけです。

4.「笑いとメンタルヘルス」

二一世紀は心の時代といわれていますが、職場での人間関係や働きがいのなさがストレスとなって精神的に追いつめられているビジネスパーソンが急増しています。そんなとき、自分自身を笑い飛ばしてしまうパワーがあれば、明るく前向きな仕事ができるのです。産業カウンセラーでもある私が、信用金庫での二四年間のサラリーマン経験を活かして、ビジネスパーソンを楽にする癒しの話をいたします。

5．「夢に向かって跳んでみる人生」

信用金庫支店長の職を捨て、ユーモアコンサルタントになりました。二四年間、他人の金を追いかけていた人生から自分の夢と笑いを追いかける人生に転進しました。今、毎日が楽しくて楽しくて仕方がありません。人間、好きな道があるならば、思い切ってその道に飛び込めば必ず充実した人生が手に入る！　言葉では、わかっていても、人間は、なかなか新しい世界に飛び込めないものです。組織の中のしがらみ、今、置かれている地位の誘惑、現実問題としての収入を含めた家族への責任感など、夢とロマンを抱いて、今、飛ぼうとしているあなたの羽をもぎ取る要素は山ほどあるのです。私は、なぜ、跳ぶことができたのか、どんなふうに跳んだのかをお話しします。幼き日も学生時代も社会人となって信用金庫に勤めてからも、「笑い」は私にいつも感動と励ましと勇気を与えてくれました。今、職場で意欲が湧かない方々や自分の人生を見つめ直したい方々に聞いていていただきたいと思います。

6.「ユーモアコンサルタントは今日も行く!」

笑いやユーモアトークをビジネスに上手く取り入れると業績アップさせることができます。また、コミュニケーションの輪を広げたり、充実した楽しい人生を送るためにも、人を笑わせる話術を身につけることは、とても大切です。信用金庫の支店長から、笑いやユーモアトークを伝えるユーモアコンサルタントに転進して一〇年、自身の信金でのお笑い活動体験をもとに、数々の講演やセミナーで培ったノウハウを伝授します。特に、ご一緒に実践する小咄式リラックス体操やおもしろ自己紹介などで、誰からも好かれる明るく楽しい人間になりましょう。

◆

これらのテーマに合わせて、私の信金でのお笑い活動体験を語りながら終始一貫して伝え続けているのは、

大笑いすると自分自身が元気になれる
笑いは、コミュニケーションを良くする

ということです。

例えば、私が地域の福祉施設などに笑いの出前寄席に行き、皆さんと一緒に大笑いすることで、自分の成績が良くなったことも講演でこんなふうにお話します。

私は、やる気が出なくて、毎日、信用金庫へ行くのが辛かった時期があるのですが、特に月曜日が嫌なんです。前の週の木曜日くらいに困ったことが起きて、金曜日に解決できてないとするでしょ。土曜、日曜と休みになります。土曜日はちょっと楽なんです。

しかし、日曜日になると、それもサザエさんをやる時間になってくると、もう明日のことを考えて辛くて辛くて、サザエさん見ながら涙が出てくるんです。あんなに楽しい番組なのに・・・そして、月曜日の朝、布団から起きようとしたら、首のところから背中にかけて、焼き火箸を突き立てられるような激痛が走るんです。もう、休みたいのですが、トラブルがどうなるかが心配で休めないんです。這うようにして信用金庫に行くのですが、とてもこんな精神状態ではトラブルの解決などできません。結局、上司が問題を解決してくれるのですが、自分で解決したのではないけれど、当面の困ったことがなくなったら、あれほど痛くて堪らなかった背中から腰にかけての痛みがスッとなくなるんです。本当に心と身体は繋がっているなぁと思いました。

そんな私が、お笑いをやるようになって、土曜日や日曜日に皆さんと一緒に元気に笑っていると月曜日に明るく元気に信用金庫に行けるようになったのです。しかも、やる気が出てきたからかもしれませんが、理事長賞を二回も受賞するほど、成績も良くなったのです。この要因として三つあると思います。

まず、一つはカタルシス効果（浄化作用）です。人間は、腹の底から大笑いするとスカッとした気持ちになるのです。私の場合は、それに加えていい意味の開き直りの効果もありました。

二つ目は、お笑いをやると明るく元気で大きな声が出せるようになるのです。やはり、皆さんに笑ってもらおうとの気持ちが声を大きくさせるのかもしれません。私の場合は、これが仕事に活きました。辛い、辞めたいなどと思いながらお客様のお宅を訪問すると、やる気がないので、まず、鞄をだらっと持ってしまいます。渉外の持つ黒い鞄は重たいのです。そうすると、足も引きずるようにしか歩けません。お宅の扉を開けても暗い表情で「こんにちは」の声も消え入るようです。これでは、評判の良いはずがありません。

ところが、お笑い効果で鞄をグッと力強く持つと、背筋が伸びて足も高く上げて歩きます。やる気もみなぎってますから、扉を元気に開けるとニコニコしながら大きな声で「こんにちは、奥様、いらっしゃいますか？」「まあ、矢野さん、ニコニコ笑うて、別人みたいになってるがな、何かいいことでもあったの？」「奥様、人生は、ばら色でございます！」「まあ、嬉しいこと言うやないの、厳しい時代に。よっしゃ、定期預金やったろ」そんなに上手くはいきませんが・・・しかし、これ法則なんですね。

これが、三つ目のミラーの法則ですよ。ミラーというのは人の名前ではなくて鏡のことです。鏡に向かって明るく元気に自分を映すと、中の像も明るく元気に応える、鏡に向かって、しんどい、苦しいと力なく自分を映すと、中の像も力なく応える、実はこれが、相対する人間心理を表しているというものです。私は、意識して明るく元気にしたわけではなくて、お笑い効果で自然とできるようになったのです。

皆さんも、笑いはコミュニケーションを良くしますから、元気に笑って、その輪を広げていきましょう。

◆

私にとって講演は、もちろん収入を得るためのものではありますが、それ以上に各地の素晴らしい人々と出会える感動の場なのであります。本来、引っ込み思案の私は、講演活動をしていなければ、自分から話しかけることなど、とてもできないでしょうから。本当に一〇年間講演を続けていると、失敗談もたくさんありますが、みんな笑えるものばかりです。

例えば、富山県のある村に講演に行ったときのことです。夜の講演で、その日は雨がザーザーと降っていました。商工会の主催でしたので、経営指導員の方が駅まで迎えに来てくださいました。車に乗るなり嬉しいことをおっしゃいます。「矢野先生は、評判がよろしいですなぁ。夜の講演は、仕事が終わってからなので集まりが悪いんですが、今日は多いですよ。こっちは座布団の用意やら何やら準備におおわらわです、嬉しい悲鳴ですよ」「そうですか、ありがとうございます！　何人くらいお集まりなんですか？」「はい、いつもは五、六人なんですが、今日は七人も！」アララッ。なるほどなぁ、一〇〇万都市でやるのとは違って、人口二〇〇〇人の村では一人増えることは凄いことなのです。

また、滋賀県の近江八幡市で講演したときのこと。その日は、ここを終わってすぐに大阪府の八尾市でやらせていただくことになっていたので、私も気持ちに余裕がなかったのでしょうね。講演そのものは全力でやらせていただいたのですが、ピンマイクのスイッチを切るのを忘れて舞台袖に引っ付いている控え室に戻ってしまったのです。主催者の方も、私が急いでいるのをご存知でしたから、その部屋で講演料を持って待っておられ、「矢野先生、ありがとうございました。さっそくで申し訳ございませんが、こちらが講演料でございます」私としては、すぐバタバタと失礼してしまうので、せめて愛想の一つもと思い、「こんなにたくさん！　ありがとうございます。これで、家族全員、今晩は近江牛のすき焼きで・・・」これが会場に流れてしまったのです。プロの音響の方ですと、本体のスイッチを切ってくださるのでしょうが、この日は主催者側のボランティアの方が担当されておられ、要領が良くわからなかったのでしょう。その方があわてて控え室に走ってきて、「矢野先生、スイッチ、スイッチ、スイッチを切ってください。今のが全部、会場に流れてるんですよ！　今日の講演で、これが一番うけてます！」トホホホホ。

第三章　実践編

◆

それでは、私がユーモアコンサルタントとして、暮らしの中に笑いを活かして元気になるための、あるいは、笑いやユーモアを自分のビジネスに取り入れて業績をアップさせることを目的として行っているセミナーの内容をご紹介しよう。

このセミナーの内容については、ＬＬＰ（有限責任事業組合）笑いプロジェクトで研究をしている。笑いプロジェクトというのは、二〇〇七年に、広島経済大学准教授の山本公平氏、商店街活性化アドバイザーで日本笑い学会理事の堀登志子氏、そして、私の三人が発起人となって設立したユーモアコンサルタントの養成及び活動内容強化のための機関である。二〇一一年現在、堀氏が代表を務め、笑いプロジェクトのユーモアコンサルタントは、私達三

名を含む六名である。（連絡先　０９０—４３０７—２５６７　堀登志子）

◆

私は、信用金庫時代に、お客様や職場の上司、同僚などを気持ち良く笑わせることができたとき、皆が私に好感を持ってくれたことがわかった。これがコミュニケーションを円滑にすることに繋がり、成績を向上させることもできた。また、相手の楽しい笑いは、私自身を包み込み、私自身がドンドン元気になっていくことも実感した。

家庭内でも、妻や子供たちと楽しく笑い合っているときは、家庭円満であり、自分自身が幸福感で満たされている。そこで、私は、相手や私を含む場が笑いを求めているときに、嫌味なく対象者を笑わせる能力を身につければ良いと考えた。もちろん、私を含めてセミナーを受講する皆さんもプロのお笑い芸人や落語家ではないのだから、高度なテクニックで笑わせる必要はない。簡単な、あるいは基本的なやり方で笑わせれば充分である。

笑いプロジェクトでは、この能力を「笑わせ力」という名称で位置づけている。（笑わせ力は商標登録済）

◆

セミナーを実践してみて、わかったことは、一部の落研経験者や演劇部経験者などを除き、いきなり大勢の受講者の前で、彼らを笑わせてくださいと言ってもできないということである。受講者になぜできないのかを訊ねると、だいたい次の二つの答えに集約される。

1．どんなことを言って笑わせたら良いのかがわからない。
2．大勢の人の前でやるのは恥ずかしい。

1については、これから一緒に笑いのパターンやネタを勉強していくことで、クリアできるが、**2**は少しやっかいである。私も、関大落研で、初めて先輩にマンツーマンで練習を見てもらったとき、「つる」というネタの第一声である「こんにちは」を言おうとすると、恥ずかしさが背中からこみ上げてきたことを思い出す。私の場合は、先輩が怖いので、見台の上の小拍子をパチンと勢い良く鳴らして、ことさら大きな声を出してクリアできたのだが、お金を払って受講してくださった方々に厳しいことも言えまい。しかし、ヒントはある。大きな声を出すというところである。

（ポイント1）

俯いたりせず、みんなをしっかりと見て、明るく元気で大きな声を出す！

◆

大きな声を出すために、セミナーでは大笑い体操を行っている。私が、笑わせ力を発揮することの大切さを説いた後に、全員で大笑い体操を行う。

（実践その一）　大笑い体操

1．右の腰に右手を当て、左の腰に左の手を当てて、足を肩幅に広げて立つ。

2．大きく息を吸い込む。

3．5秒間、息を止める。
4．思い切り息を吐き出しながら、ハッハッハッハッと笑う。

（ポイント2）
会場の全員でやることが大事。他の人がやっているのを見ながら自分もやれば、より楽しくなる。

効果
●緊張感がほぐれ、心も身体も柔らかくなる。
●皆さんに笑顔が残る。
●会場内の雰囲気が明るくなり、次の実践がやりやすくなる。

◆

雰囲気が、だいぶ柔らかくなってきたところで、一人ずつ前に出てきてもらって小咄をやる。ここで、いきなり小咄をするのは難しいので、小咄式リラックス体操をしながら小咄をする。受講者の中に、小咄をやると思うと緊張でカチカチになるとおっしゃる方がたくさんいらっしゃるが、その場合、首や肩などの筋肉が、本当に固くなってしまっている。小咄式リラックス体操で、心と身体をさらに柔らかくする。

（実践その二）　小咄式リラックス体操

1．名まえを呼ばれたら、いきなりステージの中央に出るのではなく、ステージの端に出る。

2. 口三味線で大きな声で、出囃子（落語家が舞台に登場するときの音楽）を歌いながらステージ中央まで進んでいく。

3. このとき、身振り手振りで面白い動きをしながら、緊張や心臓がドキドキする状態を発散させていく。

4. ステージの中央まで来たら、前を向いて立ち止まり、大きな声で簡単な小咄をする。

効果

●恥ずかしさや緊張感を払拭させる。

●心臓がドキドキする感覚を押し込めてしまうのではなく、自分の口三味線の音楽で放出してしまうことができる。

小咄式リラックス体操で行う小咄は、洒落（同音異義語の面白さを楽しむもの）の簡単なものでよい。受講者には、事前に渡しているテキストの中からやってもらうが、もちろん、テキスト外の自分のやりやすいものでもよい。

小咄式リラックス体操で行う小咄の例

1. ○「刑事さん、犯人を捜しているのですか？」
×「そうさ、（捜査）」

2. ○「あなたは、お坊さんですか？」
×「そうです、（僧です）」

3. ○「関取、良い部屋が見つかりましたね」
×「住もう、（相撲）」

4. ○「君、荷物を運ぶ仕事をしているの」
×「うん、そうや（運送屋）」

5. ○「ボクシングをやっているのは誰だ？」
×「僕さ（ボクサー）」

6. ○「薪を割る道具がない！」
×「オウ、ノー（斧）」

7. ○「稲を刈る道具がない」
×「構わない（鎌はない）」

8. ○「トランペットがこわれた！」
×「なんとかならぬか（何とか鳴らぬか）」

9. ○「小説を書いている人が球を蹴っている」
×「あれは、サッカーだ（作家だ）」

10. ○「このスルメちょうだい」
×「欲しいか（干しイカ）」

こうして、小咄式リラックス体操を行っても、自分は内気で陰気な性格だから、人を笑わせるようなことは、とてもできないという受講者がいる。そんな人に、私は、「笑わせ力」は練習さえすれば、誰でも発揮することが出来ると説き、私の考えるサイコロ理論を説明する。

サイコロ理論

人は、誰でも練習さえすれば、笑わせ力を発揮することができるようになる。人は、誰でもこころにサイコロを持っている。サイコロの目は一（ピン）の裏が六で、二の裏が五、三の裏が四である。オモシロ度数が、一から六へと数が大きくなるほど高くなると考えれば、自分は内気だと思っている人や、陰気だと言われている人は、サイコロの一の目が外に出ていると考える。陽気で面白いと皆から言われている人は、サイコロの六の目が外に出ていると考える。したがって、陰気な人は、笑わせ力を発揮する必要があるときは、サイコロをクルッとひっくり返して、一の目から六の目を出すようにすれば良いのである。

よく、普段は陰気な人が、酒を飲むと人が変わったように、陽気で面白くなることがあるが、これは、アルコールの力を借りてサイコロの目を一から六に変えたのである。笑わせ力を発揮する練習をしていけば、アルコールの力を借りなくても、瞬時に、サイコロの目を六に変える心のスイッチを入れることができるようになる。

（実践その三）　芸名を付ける

1. 自分で、自分の愛称や芸名を考え、決まればその名前を書いた名刺大の紙をプラスチックケースに入れ、首からぶら下げる。私も含めて、みんながそれぞれの人を芸名で呼ぶようにする。
2. 私自身も矢野宗宏から爪田家らいむになり、これ以降は、らいむさんと呼んでもらうようにする。

効果

●全員が、芸名で呼び合うことにより、講師と受講者の関係から面白いことを考える仲間達という関係になり、研修の雰囲気が柔らかくなる。
●これから、お笑いのネタを考え、みんなの前で発表することで、自己表現を行っていくが、芸名でやることにより、いつもの自分ではない感覚が湧き、より弾けることができる。

会場内の雰囲気も、受講者の雰囲気もかなり柔らかく打ち解けてきたところで、オモシロ自己紹介へと移っていく。

（実践その四）　オモシロ自己紹介

1. 三〇秒や六〇秒など時間を決めて行う。
2. 洒落や誇張、言葉違いなど笑わせるパターンを解説する。
3. 充分時間をかけて、人を笑わせるための自分の自己紹介を作成する。
4. 自己紹介ができたら、一人ずつ全員の前に出て、元気良く自己紹介をする。

5. 通常のビジネスシーンや社会生活でも使えるように、自己紹介については、芸名ではなく、本名で行う。
6. 受講者全員の自己紹介をビデオに撮り、全員の自己紹介終了後、一人々々の自己紹介を全員で見ながら、私が講評をし、受講者は感想を述べ合う。

効果

●笑わせ力を発揮する第一歩としての自己表現では、自己紹介が一番取り組みやすいので、これにより自信や感動を自己の中に呼び起こすことができる。
●ビデオで確認することで、自分が頭でイメージしていた表現と、実際に行ったことのギャップがよく理解できる。
●受講者の自分自身の自己紹介の感想として多いのは、ぜんぜんはっきりと話せていないことがわかった、声が小さい、無意識に顔や頭を何度も手でさわっていた、時間が長すぎた、時間が短すぎたなどである。

これらを経た後、先ほどはリハーサルでした。今度は本番をやりましょうと言って、再度行うと、全員が飛躍的に良い表現をすることがわかった。

オモシロ自己紹介で笑わせ力を発揮する例

○洒落（同音異議語あるいは類音異議語の面白さ）

自分の名前や誕生日などを洒落にして笑わせることができます。私、矢野宗宏（やの　むねひろ）ですと、「私、矢野宗宏です。お客様から難しいご要望をいただいても、嫌やの（矢野）とは、決して申しません。元気にハイと返事して、矢の（矢野）ようにお膝元まで飛んでいきます！」という具合です。

○フルネームで

1．若井　勇（わかい　いさむ）さん

「私は、いくつになっても、若い、若い、（若井）、今日もいさんで（勇む）でまいります」

2．佐藤　俊夫（さとう　としお）さん

「私は、女性には甘く、自分の仕事には厳しく辛い！　人間の甘い辛いを併せ持つ、私、砂糖と塩（佐藤俊夫）でございます」

3. 京　高生（きょう　たかお）さん

「昨日でもなく、あしたでもなく、今日（京）を気高く生きる、私、京高生でございます」

○苗字だけでも

4. 平（ひら）さん

「たいらと書いてひらと読みます。苗字はひらですが、おかげさまで課長をやらせていただいております」

5. 加美（かみ）さん　この方はとても薄毛だった。

「私の誕生日は、9月6日です。髪（加美）くろぐろ（96、96）と覚えてください。私の顔を見てお笑いになった方は、髪くろぐろ、頭ピカピカと、私の誕生日と顔の両方を覚えてくださいね」

○ものまね（似て非なるものの面白さ）

人間は、なぜか似ているけれども違うということにおかしさを感じる。あなたが、複数の人から有名人の○○さんに似ていると言われたことがあれば、オモシロ自己紹介に使ってみよう。似ている度合いが強いほど、大きな笑いがおこるが、なんとなく似ているだけでも、結構ウケるものである。

1．勤めている会社名を使ってみる。

「私、株式会社△△の○○　××（有名人の名）でございます」

2. 住んでいる所を使ってみる。

「私、名張市梅が丘の○○　××（有名人の名）でございます」

顔や姿は似ていなくても、歌まねや決め台詞が似ていても、笑いをとることができる。

○誇張（おおげさに言う）

自分が、太っていることや痩せていること、背が低いことなどを誇張して大げさに言うこともオモシロ自己紹介のパターンの一つである。ポイントは、相手のことを悪く言うのではなく、自分自身のことを悪く言うのだから許されるし、笑いにも繋がりやすい。

1．「私は、ご覧のとおり太っていますが、昔は卓球部の選手として活躍したものです。ところが、今は巨大なピンポン玉みたいな体型になってしまいました」

2．「私は、背が低いのですが、先日も背が低くて良かったなと思うことがありました。外を歩いていますと、突然、雹が降りだして、みんな、痛い痛いと逃げまどったのですが、私だけ雹が頭に当たる前に軒下に避難することができました！」

○回文

竹薮焼けた（たけやぶやけた）、力士の仕切り（りきしのしきり）のように、上から読んでも、下から読んでも同じになる文を回文という。自分の姓名や苗字などが回文になっている人は、これと洒落などを組み合わせると笑わせやすい。

1．館　道太（たちみちた）さん

「私、上から読んでも、たちみちた、下から読んでも、たちみちた、館道太でございます。やる気も満ち足（みちた）りております。どうぞ、よろしくお願いいたします」

2．今井（いまい）さん

「私の苗字は、今井、上から読んでも、いまい、下から読んでも、いまい、今井でございます。私は、いつも、バタバタと出かけることが多いので、どうせ、今井は居まい（いまいはいまい）などと言われております」

○言葉間違い

誰でも、知っている言葉をわざと間違えてボケ、一人で突っ込んで言い直して笑いを誘うやり方。

1.「私のラベルは高いと、イヤイヤ、瓶に貼っている場合やない、私のレベルは高いと自負しております」

2.「私は、この分野のエキスパンダー、イヤイヤ、身体鍛えている場合やない、この分野のエキスパートです」

3.「現代のビジネス社会は、誠に厳しい！焼肉定食の世界、イヤイヤ、昼ご飯やない、弱肉強食の世界です」

4.「私の給与は綿棒、イヤイヤ、耳掻いている場合やない、年棒制でございます」

5.「私は、海外から戻りまして、大きなカンフルショック、イヤイヤ、注射打ってどないすんねん、大きなカルチャーショックを受けたのであります」

○擬態語や擬声語を入れる

擬態語や擬声語を自己紹介の中に、タイミングよく入れていくと、笑いに繋がる場合が多い。

1．「このまえ、ご飯を食べ過ぎまして、腹がパンパンになってしまい、おまけにシャツのボタンがプチプチプチッとみんな取れてしまいました」

○動作で笑わせる

言葉以外に、高校時代にクラブ活動でやっていた得意のバスケットボールのドリブルとシュートをして、みんなを惹き付けたり、ダンスを踊って見せたりして、言葉以外のノンバーバルな笑いをとるやり方もある。

○その他

ご紹介した以外で、今までに行ったオモシロ自己紹介で印象に残ったものは、ホワイトボードに自分の名前を書き、歌を歌いながら、そこに書き加えていき、歌い終わると、可愛い子猫になっていた「絵描き歌パターン」、巨大な名刺を首からぶら下げて、強力に自分をアピールした「巨大名刺パターン」、手品をしながら自己紹介をした「マジックショーパターン」などがある。

オモシロ自己紹介について、いろいろなパターンを紹介したが、あくまでも相手に好印象を持ってもらうことが、一番の目的となるので、自分がオモシロ自己紹介をして楽しくなることが大切である。この楽しさが、相手に好印象として伝わっていくだろう。

（実践その五）　セミナーの内容に応じたプログラムに進んでいく

笑わせ力発揮セミナーは、実践その一からその四までを基本に進めていき、いよいよ実践その五で、主催者が受講者に身につけさせたい内容へと入っていく。但し、どのような内容になるにせよ、笑いやユーモアを最大限に取り入れ、顧客対応力の向上やコミュニケーション能力アップを狙いとしたものを行うのである。笑いプロジェクトでは、主催者との事前の打ち合わせに多くの時間をかけている。出来るだけ主催者の意を汲み取り、主催者がセミナーを行う目的とずれた内容とならないようにするためと、主催者の中には、いまだに残念ながら笑わせ力が能力アップに繋がることをご理解いただいていない方もいらっしゃるので、今までの実績などを示しながら、効果に確信を持っていただくまで、しっかりと説明させていただくためである。まず、主催者が効果のほどを充分納得していないと、このセミナーは成功しないのである。

これから、セミナーのいくつかの内容をご紹介していくので、参考にしていただきたい。しかしながら、私はセミナーとはライブであり、講師と受講者が一体となって作り上げていくものだと考えている。受講者の表現に対して講師が、どうコメントできるか、また、どう見本を見せることができるかがセミナーの命であるので、ここでお伝えできることには限界がある。この実践編を読んで興味をお持ちになった方は、是非、笑いプロジェクトまでお問い合わせいただきたい。

広島経済大学での授業

広島経済大学で行っている「笑いのパワー・生きる力」の授業では、実践その四の次は、受講生達に一人から四人までのチームに分かれてもらい、小咄や漫談、漫才、コントなどで自己表現することで笑わせ力の練習をしてもらっている。一人でやるのか、あるいは、誰と組むのかは講師が指名するのではなく、実践その四までの過程を経るうちに、個人のキャラクターを感じ合って相性の良い相方やコントのメンバーを決めてもらう。私も、その傾向があるが、一人で自己表現するほうが得意だという受講生には、一人でも良いとしている。発表時間は五分〜七分とし、ネタを作成してもらう。内容においては、プロの亜流ではなく、稚拙であっても、オリジナリティーの強いものの評点を高くしている。

この授業は、サマー集中授業として行っているので、月曜から木曜までの四日間、初日のみ一〇時四五分〜一六時一五分、二日目以降は、九時〜一六時一五分まで集中して行う。後半の二日間を実践その五にあて、最終日の午後から発表会を行う。司会進行を私が行い、面白おかしく大いに盛り上げる。この発表会を公開授業とし、大勢のお客様の前で自己表現する。そこに、意義があると思っている。

彼らは、私と比べて若いので、素晴らしい柔軟性と感性を持っている。初日の受講態度が、講師から見て、今一つだと思われた受講生も、終了時点においては、充分社会から受け入れられ信頼される「笑わせ力」が発揮できるようになる。

企業セミナーの例

営業担当者を受講対象者とした企業セミナーでは、自社の商品をユーモアトークや気の利いた受け答えをしながら、どう販売していくかをロールプレイングで勉強した。自社が主催した商品展示会に来てくださったお客様に対してとか、こちらから得意先に出向いて行き、社長と話をする場合など、様々な日常の営業活動を事例として行った。

やり方としては、いきなりロールプレイングを行うのではなく、テーマごとに七人程度のグループに分け、メンバーそれぞれの営業トークや経験を活かしたグループ討議を充分に行い、ロールプレイングに移っていく。

事前の入念な打ち合わせが功を奏し、受講した営業担当者からは、頭で理解する研修ではなく、面白いことをいうタイミングを肌感覚で掴み取ることができ、普段の営業に活かせると大好評であった。

ビジネスパーソンを対象とした文化センターでのセミナーの例

お客様からの少し難しい要求や要望に対して、お客様を怒らせることなく納得させる、あるいは納得はしないけれども、何とか収めていただくための受け答えは、なかなかたいへんである。返答の答えは、用意しておいてできるものではない。まさに臨機応変の会話力が必要である。この臨機応変の会話力と笑わせ力の両方を練習するために、受講者を五人ずつチーム編成して大喜利を行った。一つのチームが前で大喜利を行い、他の受講者がその答えや受け答えを見て笑うお客さん役をやる。このチームの大喜利が終わると、お客さん役の中の五人が前で大喜利をやり、さきほど大喜利をしたチームはお客さん役に回る。これを、繰り返すのである。ここで、笑いを大きくするために、重要な役割を担うのが司会役だが、これをユーモアコンサルタントが務めるのである。

テレビなどで大喜利を見ていて、お気づきだろうが、お客さんは答えの内容だけで笑っているのではない。むしろ、ばかばかしい答えを司会者から突っ込まれ、うろたえたりあたふたしたりする様子を見て爆笑することが多い。また、自分は答えを言わないで、他の回答者をからかったり貶したりして笑いをとる場合もある。大喜利の内容としては、初心者にも取り組みやすい「五文字作文」等から始め、打ち解けてくれれば、「そこで一言」や「なぞかけ」などを行っている。

私は、今までお笑いをやったことがないという受講者の笑いに対する感覚を磨き、頭を柔らかくするのには大喜利が一番だと考えている。慣れてくれば、チーム全体で笑いをとるという笑いによるコミュニケーション力や、答えはできてなくても、咄嗟に気の利いたことが言える会話力を身につけることができる。

講師のための「語る」ことと「咄す」ことについて

私達が、講師をするとき、カタリとハナシをはっきり区別して、受講者に発信しているだろうか。古来よりカタリというのは、「物語」や「語り物」などの「語り」にあたり、ウタに近かったようである。すなわち、その文句に節を付けて、決まった長さに切っていた。但し、民謡では、抒情を中心にして、文句も短く節回しも早いけれども、語り物では、叙事を中心にして、文句も長く節回しもゆるやかである。それに対して、咄というのは、もっと自由なモノイイであった。咄の特色は、何よりもその場に応じて、自由にものを言うことにほかならない。

いったい、ハナシという言葉は、どこからきたものであろうか。その語源について、「放し」であるとか、「端なし」、あるいは「はかなしごと」の略であるとか諸説があるが、「放し」の義という説がもっとも多くの支持を受けている。（玉勝間や俚言集覧など）つまり、テバナシという意味であり、簡略な話法に従い、口に任せてものを言うことに帰すると思われる。これらから、「語り部」と「咄の者」もはっきりと区別された人々であったことが歴史上明らかである。

私は、現代の講師にあっては、受講者を感動させ納得させるためには、自分の講演やセミナーの中で、「語る」ことと「咄す」ことをしっかりと使い分ける必要があると考えている。しかるに、最初から最後まで、ただただ語り続ける講師があまりにも多いように思われる。聴衆の年齢層や文化水準、この講演やセミナーに参集した動機やいきさつを考慮することなく、自分が用意した原稿に基づき、定型的な演出をしてしまうのである。このような講演に対しては、受講者の感動は小さくなる。極端に言えば、このような講演をするくらいならば、自分の原稿をプロのアナウンサーに読んでもらい、それに合わせた資料を巨大なスクリーンに鮮やかに映したものを延々と見ていただけば良いのである。

しかし、聴衆は、生きているあなたが、彼らの前に立ち様々なことを発信して欲しいと願っている。よく講師仲間で言われることに、事前に用意して発信したギャグやネタよりも、ハプニングにより発信した言葉のほうがよくウケるというのがあるが、これは、意外性の笑いでもあろうが、講師が何とかしようと渾身のパワーを込めて受講者に放った言葉の結果である。つまり、この部分において講師は、「語った」のではなく「咄した」のである。講師は、参集してきた受講者の顔色や態度、状況などを考慮しながら、もっと自由に、もっと自分の言葉で咄すべきである。そして、ここは自分の信念であり寸分たがわず伝えたいと願うところについては、しっかりと語らなければならない。これがぶれてしまってはいけない。「語る」と「咄す」のバランスのよい講演が感動を与える。（参考　大島建彦『咄の伝承』）

講演や研修におけるユーモアや笑いについて

講師は、講演や研修で何ができるのか、また、何をなすべきなのか？　私は、受講者自身が自己変革や能力向上へ向けての小さな小さな灯火を心に灯すためのヒントを一つでも二つでも与えることができれば、それでもう大成功なのだと思っている。

そこで、講師は講演や研修を話芸であると位置づけるのである。つまり、講演芸や研修芸としての確立を目指すのである。

民俗学者池田弥三郎先生によれば、本来、話芸とは日本古来の信仰である八百万の神々（土には土の神、火には火の神、水には水の神が宿るとの信仰）のうち、荒ぶる神を鎮め、楽しませ喜ばせるものであったとしている。神が喜び満足すれば、話者のもとに降臨するという。落語の舞台の背景に松羽目が使われることがあるが、これは神を待つことに由来するともいわれている。だとすれば、当然、話の中に笑いやユーモアの要素が必要となるのである。

それでは、受講者の位置づけは何かというと、私は、芸の受信者としての観客であると同時に、神の降臨のあるなしを話者に知らせる道標、つまり道しるべの役割を担った人々だと考えている。

したがって、道標である受講者の興味を殺いだり、ましてや、居眠りをさせてしまうような講演や研修はもってのほかである。もっとも、講演や研修においては、テーマによれば、受講者は、落語会などとは違い、笑いに来ているわけではないので、声を上げて笑わせる必要はない。心を開かせる工夫、興味を抱かせる工夫を講師が続けるならば、受講者のスマイルで成功、それがラーフへと繋がれば大成功なのではあるまいか。（参考　池田弥三郎『世俗の芸文』）

実践編のまとめ

セミナーや研修などといえば固いイメージがあるが、私が行うのは「笑わせ力」を養うためのものであるから、とにかく楽しくて笑いに溢れたものでなくてはならないと考えている。

信用金庫に勤めていたときに、幾度となく研修を受講した経験があるが、今振り返って思うと、受講中に眠くなってしまったような研修は役に立たなかったように思う。講師の熱意や躍動感が、こちらにグイグイと伝わってきたものは、たとえ理解できたことが一つか二つであったとしても、研修後の自分の仕事に、大げさに言えば自分の人生に大いに役立ったと思っている。ましてや、会場内が熱気と笑いに包まれた研修は、強く印象に残っている。

私は、これからも、受講者がとにかく楽しいセミナーだったなと受けとめてもらえるものを追い求めていきたいと考えている。

第四章　ビジネス編

◆

私は、信用金庫で支店長をさせてもらったおかげで、ユーモアコンサルタントとして、ＪＡや信金の渉外担当者や融資担当者とともに、実際に担当地区内のお客様のお宅を訪問して、新規開拓や貯金（預金）の獲得、ローン情報収集などのＦＳＴ（フィールド・セールス・トレーニング）の仕事もたくさんやらせていただいている。ＦＳＴの難しいところは、ロールプレイングと違い、相手が本当のお客様だから教科書どおりにいかないところにある。

講師が、研修会場でいくら格好の良いことを講義していても、実際にお客様のところを訪問してみると、ボロボロだったということではどうしようもない。まさに、有名な映画のセリフではないが、事件も営業も会議室ではなく、現場で起きているということであろう。だから、講師の中にはＦＳＴを嫌う人もいるが、私はＦＳＴが大好きである。信金やＪＡの職員さん達とお客様を訪問する途中、車の中などで本音で語り合うことができる躍動感や、お客様と実際に契約が締結できたときの感動と喜びは、ＦＳＴでなければ味わえないからである。

とはいうものの、私も契約締結はおろか有力な見込先も見つけられず、断られ続けボロボロの結果に終わることもある。しかし、笑わせ力のおかげで、断られても、「今のは悪い見本です！」などと言って、同行している職員を笑わせながら元気に訪問することができている。また、私のギャグにお客様が、タイミング良く笑ってくださって契約へと繋がっていくこともある。これまた、笑わせ力のおかげである。これから、ＦＳＴで成果を上げる方法をはじめとして、ビジネスシーンに活かせる「笑わせ力」発揮の仕方について解説していくこととする。

◆ビジネスパーソンに笑わせ力がなぜ必要なのか？

結論から言うと、笑わせ力によって対話者に好印象を与えることができるからである。あなたが、ビジネスパーソンとしてお客様や職場の上司、先輩、同僚に対して爽やかな笑いをタイムリーに発信することができ、対話者がそれを好感を持って受信してくれたとき、対話者はあなたに好印象を持ってくれる。これは、とても大切なことである。

そもそも、「お笑い」と「笑い」を混同してはいけない。「お笑い」とは漫才や落語、コントなどにイメージされるように、観客も演者も大いに笑おう、大いに笑わせようという目的のもとに集合して行われるものである。漫才や落語の演芸場、コントライブ、酒の席での宴会芸などすべてそうだ。テレビのお笑い番組は、一方的な笑いの発信だと思われるかもしれないが、数ある選択肢の中から、その番組を見ていることで同じことが言える。だから、「お笑い」の場合は、かなり強引なネタや笑わせ方をしても許容される。また、現在のお笑いタレントや芸人の中には、笑わせた者勝ちというような手法を使う人もいる。

それに対して、「笑い」とは、もっと大きく広い範疇でとらえた人間が本能としてもっている営みのことである。喜怒哀楽という人間の感情を表した言葉があるが、「笑い」と関係の深いものは「喜」と「楽」である。

したがって、ビジネスシーンに「お笑い」をそのまま持ち込んでも好印象に繋がらない場合が多く、それどころか時には顰蹙（ひんしゅく）をかったり、お叱りをうけてしまうことがあることをご理解いただけるだろう。

それでは、ビジネスシーンや日常生活においては、対話者を嫌味なく笑わせたり、喜ばせる力を身につければよいことがわかる。笑いプロジェクト（実践編参照）では、この力のことを「笑わせ力」という言葉で定義している。「笑わせ力」の素晴らしいところは、「お笑い」の能力が高いプロの芸人や落研、漫才研究会、劇団員などでなくても、私がお伝えする一定の考え方をしっかりと理解したうえで、練習に励めば誰でも習得することができる点だ。

次に、あなたが対話者に笑わせ力を発揮して好印象を持ってもらうことが、なぜ大切なのかをお客様との応対を例にとって説明してみよう。

あなたが、お客様に自社の商品を売りにいったとする。ご挨拶で笑わせ力を発揮したあなたは、お客様に好印象を持ってもらえた。しかし、お約束なしに突然訪問したことや商品説明があまり上手くできなかったために、その日は買っていただけなかった。しかし、大丈夫、お客様は、あなたに好印象を持ってくれたので、あなたに、また会ってもいいなと思ってくれ、再度訪問しても良い日時を約束してくれた。約束どおり再訪問したあなたは、また、笑わせ力を発揮しながら誠実に、こんどは商品説明もしっかりできた。すると、お客様のあなたに対する好印象は、信頼感へと発展していった。お客様は、この商品を買ってくださったのみならず、それ以降、いろいろと良いお取引をしてくださるようになった。

そして、「○○さんにしてあげる」とあなたを指名してやってくださるようになった。あなたとお客様の心が通じ合えたからこそである。これにより、成績ももちろん上がるが、ビジネスパーソンとして、このような仕事がしたいものである。

ところが、あなたの印象が悪いと、いくら商品説明が上手くても、お客様はあなたから買いたくないから売れないのだ。

◆

それでは、いよいよビジネスパーソンが笑わせ力を発揮するための基本を勉強しよう。

笑わせようとするときは、恥ずかしがらない
明るく元気にやる
大きな声でやる

皆さんも、笑わせ力をいかんなく発揮して、お客様の心を開かせていこう。

◆インターホン突破術

ＪＡや信金の担当者と貯金（預金）の獲得や住宅ローン借換え案件の情報収集を主体としたＦＳＴを行い、新規のお客様を軒並みに訪問する場合、インターホンでの担当者の応対如何により、面談率が大きく変動するという事実がある。

もちろん、ここでも笑わせ力を発揮するのだが、それはそれとして、いきなり否定的なことを言うようだが、インターホンに対して、どんなに上手く話しかけても、会っていただけない時は、会っていただけないものである。みんながみんな、扉を開けてニコニコしながら会ってくださるというようた魔法のやり方はない。

しかし、この日は会えないということで、インターホンでの巧拙、あるいは印象の良し悪しにより、二回目以降の訪問の面談率に差が出る。また、本来は会っていただけたであろう人に断られてしまったり、その逆のことが起こるのも、また、事実である。そこで、どのようなインターホンでの応対が面談率を高めるのかを、カメラなしのインターホンとカメラ付きのインターホンに分けて考えてみよう。

○カメラなしインターホン

・インターホンでの会話は短く！（ダラダラと話し続けない）
・明るく元気で爽やかに挨拶をする（カメラなしの場合、在宅なら返事をしてくださる）

・商品名などを出さない（ご挨拶したいとか名刺をお渡ししたいなど効果的）
・一方的にしゃべらず、言葉のキャッチボールを心がける
・断られた場合も、落胆した声の調子にならないように明るくお礼を言う（お客様に次回以降訪問時に好印象を残すためと、自分自身のボルテージを下げないようにして、次のお宅のインターホンを元気に押せるようにするため）

○カメラ付きインターホン

・インターホンの正面に正しく立つ（カメラの正面にお立ちくださいと器械に言われているようでは失格）
・明るく爽やかな声だけでなく、表情は自然な笑顔を心がける

・カメラという器械に向かっていうのだが、そこにお客様がいらっしゃる気持ちで、第一声を発する（あなたは、全てを見られている！）
・断られたときも、明るく元気な声に加えて、カメラに一礼して去る（二回目以降の面談率に差が出る）

◆玄関での笑わせ力

ありがたくも、インターホンでの「ご挨拶させていただきたい・・・」などの言葉に「はい・・」と応じてくださり、会っていただけると見るやすばやく入り口の扉前に移動する。移動中に扉を開けられてしまうと間が狂うので、扉前でお待ちするのが良い。また、あまり扉に近づきすぎていると、扉をあけたときにびっくりなさるので、立つ位置にも注意をはらう。扉を開けてお客様が出てこられると、自然な笑顔を心がけながら自分の社名や団体名と氏名をはっきりと名乗り、名刺をお渡しする。商談ステップのアプローチ（接近）であるが、ここで笑わせ力を発揮できれば話を進めやすくなる。私は、講師なので担当者とペアで訪問するため二人セットの話法でアプローチしている。今まででよく受けたものをいくつかご紹介しておこう。

1. 担当者A君が新人の場合

Ａ君が「ＪＡ○○のＡでございます」と自己紹介した後、「私はＡの応援の矢野と申します。Ａは今年入組いたしました。新人ですが頑張っております。ちょっと男前（あるいはイケメン）です」

2. 私は身長が一六三センチなので、身長の高いB君と訪問した場合

B君が自己紹介した後、「私はBの応援の矢野と申します。Bは背が高いでしょう。高校時代はバレーボールをやっておりました。私は背が低いものですから、会社では凸凹コンビなんて言われています」

3. 私の苗字と関連のある人と訪問した場合（たとえば小野君）

小野君が自己紹介した後、「私は応援の矢野でございます。担当は小野、私は矢野、おやおやなんて、会社では漫才コンビみたいと言われております」

4. 夏の暑い日に訪問した場合

相方が自己紹介した後、「私は応援の矢野と申します。今日は暑いですね。」「本当ね」などのお返事があれば「朝からこの地区をご挨拶に回っているの

ですが、もう二人ともバケツに一杯くらい汗をかきました！」

5．冬の寒い日に訪問した場合

相方が自己紹介した後、「私は、応援の矢野と申します。いやあ、今日は寒いですね」「本当に寒いわね」などのお返事があれば「あんまり寒いので、口が開かずに、こんにちはと言おうとしたら、こにゃにじばになってしまいました」

これらの例でおわかりだろうが、初めてお会いした方にお話するので、丁寧さを失くさないように気を付けながら、あまり強く笑わせようとせず、軽い感じのほうが良いようである。私の場合は、実践編のオモシロ自己紹介が活かされている。

アプローチが上手くいけば、本論からクロージングへと進めていくのだが、成功した事例は、あまりこちらから無理に笑わせようとしていない。むしろ、お客様のお話をお客様の身になって、しっかりと聴かせていただく中でのこちらの相槌や返す言葉でお客様と笑い合うことが多い。

また、長年の経験から一回目でクロージングまで出来ることは少ないので、とにかく一回目の訪問で好印象を残して、再度訪問させていただく約束を、日時まできっちりと決めてお約束できるかどうかがポイントとなる。

◆名刺で笑わせ力を発揮する

日本のビジネス社会では、名刺交換の文化が定着している。そこで名刺によって笑わせ力を発揮するのも一つの方法である。自分の名刺に笑いやユーモアの要素を取り入れると好印象を残すことができる。今では、皆さん随分と名刺に工夫をこらすようになってこられた。赤や青などの多色刷りや自分の似顔絵入りのものも珍しくない。先日は、一万円札を真似たデザインで福沢諭吉の顔の部分がご本人の似顔になっている洒落っ気たっぷりの名刺を頂戴して大笑いした。

私も、信金支店長時代は両面名刺を使って、笑わせ力を発揮した。

表には信金名と支店名、支店長という肩書き、本名が印刷されており、裏面には、お笑い研究会会長の肩書きと当時の芸名である信金亭八光が印刷されている。渡し方はこうだ。

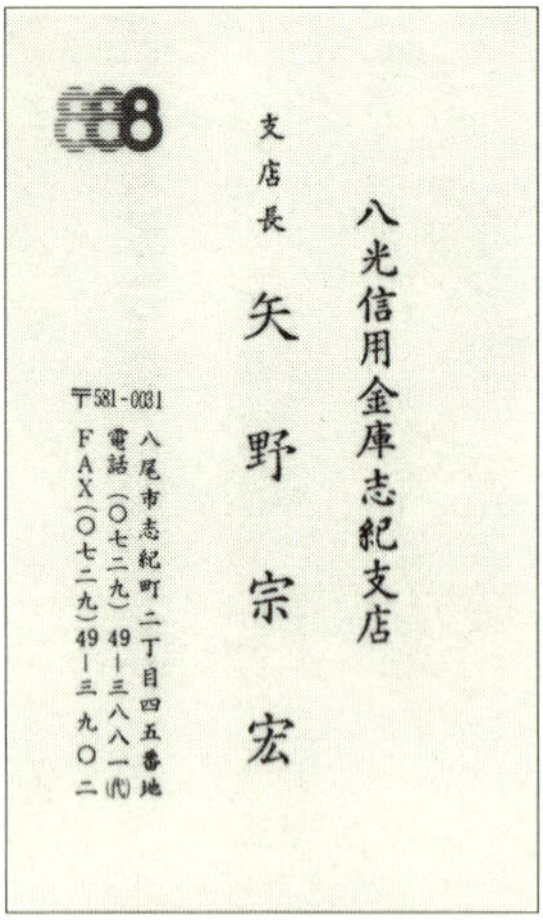

1. 軽快にステップを踏みながら名刺入れから名刺を取り出す。
2. 表面を見せながら、「私、支店長の矢野でございます」
3. 裏返して、「裏を見ていただきますと、私、落語もやってるんですよ」
4. 続けて「名刺に裏表はございますが、人間に裏表はございません」

さらに、付け加えておくと、日本のビジネス社会における笑いのストライクゾーンは、欧米に比べるとたいへん小さい。だから、誰彼なしにこのような渡し方をしたのではなく、名刺入れの前のほうにこの両面名刺を、後ろのほうには支店長と書かれた表だけを印刷した名刺を入れておき、軽くステップを踏み始めたときに、この人にはあきらかにウケナイと判断した場合には、即座にステップをやめ、表だけが印刷されている名刺のほうをより丁寧にきっちりとお渡ししていたことは言うまでもない。

ユーモアコンサルタントの名刺

今、私がユーモアコンサルタントとしてお渡ししている名刺がこちらである。

ネコのデザインに特徴があって、顔が笑うという字になっている。渡し方は「ネコの顔が笑うという字になっております。笑いネコ印のユーモアコンサルタント矢野宗宏と覚えてください！」特に、ご婦人層には人気があり、よく「可愛いわね」と言っていただける。最近では、このネコの顔で笑いネコシールを作り、講演会などで、「幸せを招く笑いネコです」などと言って配ると、たいへんご好評をいただいている。

◆笑わせ力でムードメーカーになる

ビジネス社会では、自分が所属する部署や支店のムードメーカーになることが大切である。私は、笑わせ力を発揮して支店のムードメーカーになることができた。実は、これが支店長への道に繋がっていったとも言える。例えば、信金のある店で、何かキャンペーンを行うときの考え方はこうである。

●キャンペーンを盛り上げるために、自分が所属店の目標数字を必達するための原動力であるとともに、やる気溢れる店作りを行うためのムードメーカーであることを自覚する。

●特に、役付者にあっては、支店長の意向を受け（あるいは支店長に企画を具申して）、自分の推進アイデアや工夫などにより所属店を実務的に牽引していくディレクターとなること。

●店には、それぞれの性格、環境、役割があるので、店独自の推進方法やアイデアが必要となる。これが、その地域に店舗が存在する意義でもある。

キャンペーンにおける推進作戦の例

感謝デー作戦・・ロングランで行うキャンペーン中において、日を特定して顧客意識と推進者意識の両方を集中させる。

・キャッチフレーズを考える
・チラシやポスターによる告知方法を考える
・ローラー推進（個別訪問）はどうするか？
・窓口職員や他の職員との連携をどうするか？
・当日の準備物は？
・感謝デー目標必達のために何をなすべきか？

企画の例

・ガラポン抽選会
・じゃんけん大会

・店舗の飾り付けの工夫（店舗の美化も含めて）
・お客様とのクイズ大会

イベントの例
・手作り寄席や落語会
・異国情緒を楽しむ会（お年寄りに海外旅行に行った気分になってもらう企画）
・ロビーで行う職員によるピアノ演奏会やギター演奏会
・お客様参加のカラオケ大会

一番大切なことは、職員自身も楽しめる手作り企画にすることである。この面白い事を考えていく感覚が笑わせ力の発揮によってもたらされるのである。

ムードメーカーとともに、支店長はどんな人材を好むか

・他の職員の意欲を殺いだり、やる気をなくしたりする態度を取ったり、発言をしない人
・場の空気を読んで、前向きの発言ができる人
・高い目標の数字に対しても、果敢にチャレンジしてくれる元気な人
・場をわきまえていて、盛り上げてほしいときには、自分を落としてでも、とことん笑わせるが、普段は謙虚な人（笑いのストライクゾーンを心得た人）

★総合的には、笑わせ力をもっている人!

◆職場で笑わせ力を発揮する例

コピーを頼む場合

課長があわててコピー機の所にやって来る。資料に付けるのを忘れていたのだろうか。イライラしているのがわかる。そばに座っている女性社員に、「おい、これをすぐに一〇〇枚コピーしてくれ!急いでくれよ!」と怒鳴る。女性社員も自分の仕事の訂正をしており、忙しくてイライラしていた。つい口から「もっと、早くおっしゃってくださいよ、こっちも段取りが狂いますよ!」

と言ってしまった。とたんに課長が、「何を上司に口答えしているんだ、早くコピーを取ればいいんだ！　コピーを！」とさらに大きな声で怒鳴る。女性社員はコピーを取るどころか泣きながら給湯室へ走っていく。先輩の女性社員が慰めるために給湯室へと向かう。結局、課長は自分でコピーを取ることになる。職場全体としての仕事の能率も悪くなる。

ありそうな職場風景である。これを、課長が忙しければ忙しいほどニコニコしながら、そばの女性社員に、「忙しいところを誠に申し訳ない、これを一〇〇枚、コピーしてくれない？　Ａ４でエエヨーン」てなことを言うと「課長、この忙しいときにつまらない親父ギャグを言ってる場合ですか！」などと言いながらも顔は笑っている。課長はコピーを取ってもらえる。職場全体の仕事の能率も落ちない。

ピンチのときこそ、上司は余裕と笑顔を忘れるな

私が支店長の時の話である。業績も良くて順調なときは、支店長の机の前に座っても堂々としてニコニコしていられる。ところが、業績が落ち込んだり、ピンチになると、私は気が弱いので、どうしても眉間に縦皺が出て怖い顔になる。これが良くない。部下が報告に来なくなるからである。特に支店長の耳に入れにくいお客様とのトラブルなどは話さなくなる。部下だけではなく、笑いのない怖い顔では、良い情報が入らなくなる。部下がトラブルを報告しなかったので、問題が大きくなっている。対応が一歩も二歩も遅れる。支店の最高責任者は支店長である。部下が起こしたトラブルを、本当に知らなかったとしても、知りませんでしたでは済まないのが支店長の仕事である。調子が良いときにニコニコするのは当たり前。ピンチのときこそニコニコしていられる笑わせ力を身につけなければならない。

会議を活性化させる

会議という名称だが、上司が部下職員にあることを周知徹底させるために行う集まりであれば良いだろうが、本当に会議の参加者から様々な意見を出してもらいたいときに、支店長や次長が上座にドカッと座って、役職の高い順から座るような会議では、決まりきったような意見ばかりしか出てこない。特に若い女性職員の意見が極端に少なく、雰囲気も重苦しい。

だから、座り方も会議室のテーブルをぐるりと取り囲むように座る。自由席といっても座りにくいだろうから、抽選で席を決めても良い。それから、司会者が笑わせ力を発揮して、大喜利感覚で良いアイデアなどが出ると、「座布団一枚！」などと盛り上げる。会議室から笑いが出てくると、若い職員からも意見やアイデアがドンドンでてくる。もちろん、笑いを取ったアイデアが全て採用できるものではないが、そのアイデアをヒントにして感謝デーの大ヒット企画になったものもある。会議を盛り上げるのにも笑わせ力が活用できる。

宴会やお客様との旅行で笑わせ力を発揮する

私は、店の慰安旅行の宴会やお客様との旅行などで、笑わせ力を発揮して大いに自分の株を上げたものである。しかし、繰り返し言うようだが、ビジネス社会では、たえず面白いことを言って笑いを振りまいている必要はない。求められたときに、状況を的確に把握し、タイミングよく笑わせ力を発揮すればよい。求められたときに、すぐに笑わせ力のスイッチを入れられるように自分を磨いておけばよいのである。

慰安旅行の宴会やお客様との旅行などは、笑わせ力発揮の王道だといえる。ここで、求められたときに躊躇したり遠慮したりしては、場が白けてしまう。

サッと笑わせ力のスイッチを入れ思い切りやるのである。

1．信金時代にある支店で渉外担当をしていたときに、お取引先のM社さんの慰安旅行に招待されたことがある。支店長の了解のもとに参加した。M社さんは、二つの信金と主に取引をしていたので、宴会では私の席の隣にもう一つの信金の渉外担当者が座っていた。宴会が盛り上がってくると、社長さんが、「ここらで信金のお二人に何かやっていただきましょう。まず、矢野さんから」

このときはまだ、私が落語をやっていることをM社さんはご存知なかった。私は、座布団の上に座って、艶笑小咄を二つ三つ演じた。社長さんをはじめ皆さん大爆笑で、私の小咄が終わると会場から割れんばかりの拍手が起こった。

次に、もう一つの信金さんの渉外が指名されたが、私の後だけに本当に困ってしどろもどろになり、見ていて気の毒であった。このことにより、二つの信金の取引バランスが変わったわけではないが、私がM社を担当している間、成績面で大いに可愛がっていただいたことは事実である。

2. 理事長が、健康保険組合の医師や看護師の方々と食事をともにされたことがあった。私も事務局としてお世話をさせていただいたが、タイミングを見て理事長が「矢野はお笑い研究会の会長をしておりましてね、ちょっとご覧いただけますか？」さあ、すべったら理事長に恥をかかせる、私はよく受ける小咄をやった後で、「なぞかけを一つ、健康保険組合のお医者様や看護師さんとかけまして、川中島の武田信玄と解く、その心は、どちらも謙信(検診)が付きものです！」とやった。お客様方は大喜びで拍手喝采、理事長も満足そうに笑っておられた。

私が、同期で一番早く、若くして支店長になったとき、「矢野は落語ができるだけで支店長になったんや！」と陰口を言われたものだが、私は、その言葉を誇りに思って聞いていた。落語ができるから支店長になったのは事実であるし、人を気分よく笑わせることが、どれほど力を持っているか、もう既に知っていたからである。

◆

笑いを求められたときに、ためらったり躊躇してはいけないと述べたが、それと関連の深い感覚である「感性のイエス」についてご紹介しよう。

感性のイエス

人の心を開かせるための、大切な要素として「笑わせ力」とともに「感性のイエス」も習得する必要がある。感性のイエスとは、どういうことなのかについて、私の信金支店長のときの体験談でご説明しよう。

ある会社の社長が融資の相談に来られた。わかりやすくするために、五〇〇万円の手形貸付だとしよう。社長は、資金繰りの関係からＯＫの返事を早くしてもらいたい様子である。五〇〇万円という金額は、支店長である私が決裁できる額だ。さらに、この会社は、新規先ではなく既存取引先だから、支店長の私には、決算内容や財務内容についても把握できている。私は、すぐに頭の中で、この融資はできると判断できた。しかし、少しもったいを付けたほうが、社長に恩が売れるかもしれないと考えたことと、別の込み入った案件の目処をつけてから、この案件に取り掛かろうと考えたことで、こう返事をした。

「お話は、よくわかりました。この融資については、お引き受けできるとは思いますが、一応、本部とも協議しますので、お返事は3日後でよろしいでしょうか？」「わかりました」といって社長はお帰りになった。自分で決裁できるのだから、本部と協議したわけでもなく、時間だけを経過させ三日後に社長に電話した。「先日のご融資の件ですが、喜んでやらせていただきます」

それに対して、社長の返事は意外なものだった。「支店長、決して天秤にかけたわけやないんですよ、けど、ちょっと早くはっきりさせたかったので、あの後、H信金さんにもお話ししたんです。そしたら、すぐに話を進めてくれましたので、今回はそちらでお願いすることにしました。うちみたいに資金繰りの忙しい会社は、また、おたくにお願いすることもありますんで、そのときは、よろしゅうお願いします」

その後、この会社との取引関係が悪くなったわけではない。しかし、社長の私に対する評価は、ぐっと下がってしまったことであろう。それは、私が社長を感動させられなかったからである。あの時、即座に「わかりました！　私やらせていただきます。こんなときに御社のお役に立つ仕事ができたら、私も支店長冥利につきますわ！」などと言って社長と握手でもしていたらなぁと思うのだ。

つまり、今、自分の判断でできることであり、また、やろうと思うのであれば、もったいを付けるのではなく、瞬時に、明るく元気に「ハイ」と答える、これは、相手を感動させる。これを「感性のイエス」という。私は、このことを恩師の中川政雄氏から信金時代に教えていただいた。感性のイエスは笑わせ力と繋がっている。

◆

息子は、昨年（二〇一一年）、東日本大震災で被災した。パニックになりそうなとき、笑わせ力を発揮して落ち着くことができた。

笑わせ力には、人を冷静にする効果がある

そのとき息子は、東京のマンションの一二階に居た。会社の休暇を利用して、年配の女性教師にポルトガル語を習っていたのである。先生はマラカスでリズムを取りながらポルトガル語の歌を唄う。ポルトガル語がわからない息子にわかりやすく教えてくれるのだ。「ハイ、矢野君も同じように歌って」息子にマラカスが手渡される。次の瞬間、リズムを刻む意識がないのに、彼が持ったマラカスが、激しく音をたてる。「地、地震だぁ！」本棚の本がどんどん落ちてくる。外へ非難しよう。「先生、逃げましょう」彼は老教師の手を引いて部屋の外へ出た。エレベーターは使えない。非常階段で逃げよう。二人は非常口を開けて、階段の踊り場へ出た。ところが、マンションの一二階とは何と高いのだろう。

外に取り付けてある非常階段から下を見れば目がくらむ。恐怖感が襲ってくる。老教師はパニックになり、「怖い、怖い、わたし、この階段を下りて行く自信がありません！」息子は困った、ここでグズグズ言っているのが一番危険だ。次の瞬間、彼の口から出た言葉が、「何を言っているんですか、地震があったからこの階段を下りることになったんですよ」老教師は泣き笑いをしながら「おお、そうでした、気をつけて下りましょう」彼らは、事なきを得て、無事に近くの公園に非難することができた。笑わせ力は、人を冷静にしてくれるのだ。

後日、息子が言った。「建物の中にも階段があったのに、エレベーターが使えないと思った瞬間、外の非常階段の方へ行ってしまったよ。おかげで、えらい怖いめにおうた。もっと、冷静にならんとあかんなぁ」咄嗟に発揮された笑わせ力には威力がある。

ビジネス編のまとめ

ビジネスパーソンにとって、商品知識が豊富であるとか、約束の時間を守るとか誠実な人柄であるとかは、いわば当然のことであり、さらに成績向上に向けてステップアップをはかるためには、コミュニケーション能力を磨く必要がある。

コミュニケーション能力が高いと、お客様と上手く話をすることができ、お客様の心を開き、信頼を得ることができる。言葉を換えて表現すれば、お客様に好かれることが成績向上に繋がるといえるのである。

このコミュニケーション能力を高める大きな要素の一つに、ビジネストークの中の笑いやユーモアの効用があげられる。笑いには様々なものがあるが、ビジネストークにおいては、人に優しい笑いを心がけていただきたい。お客様や同僚を楽しくさせてあげたいとの気持ちで笑いを発信してほしい。

そこで、心得ておいていただきたいのは、シーソー理論である。人に優しい笑いにするために、「だめな人ですよ」とか「こんなドジなことをしましたよ」というのは、全部自分のこととして落とすのである。失敗談も自分の失敗談をオモシロ可笑しく話せばよい。

お客様とあなたがシーソーをしているところをイメージしてもらいたい。あなたが下がっているときには、お客様は勝手に上がっている。お客様を笑わせるときは、あなたを下げて落ちをつけるとよい。相手が失敗をして、相手のシーソーが下がってしまったら、自分の失敗談の話をして相手のシーソーをそっと上げておくのがよい。

また、もう一つ太鼓持ち理論という考え方もある。上司に媚びへつらう人を太鼓持ちと表現することがあるので、太鼓持ちという言葉にあまり良いイメージを持たない人が多いようである。しかし、本来の太鼓持ちという職業は、たいへん能力のいる難しい職業なのだ。

何もかもわかったうえで、お客を立てて、主役にさせて面白く遊ばせるのである。ときには、わざと愚かしい振る舞いなどもして、お客に優越感を持たせることもあるだろう。優秀な太鼓持ちは、お客に対しての目配り、気配りが素晴らしかったという。

ビジネスにおけるお客様に対する笑いも、この目配り、気配りから発せられるものだと思うのだ。経験上、お客様をよく笑わせているビジネスパーソンには成績優秀者が多いという。これは、好かれていると同時に、お客様に対しての目配り、気配りがしっかりとできているということなのである。

これらを心に留めながら、明るく元気にお客様と接していけば、きっと、成績はさらに向上していくであろう。

第五章　笑いの出前編

◆

私のユーモアコンサルタント活動の大きな柱の一つに、地域の福祉施設や敬老会、婦人会、町おこしイベントなどで落語やお笑い体操を行い、皆さんと笑い合うというのがある。これは、もう難しいことは考えず、楽しく楽しく過ごす。学生時代に瀬戸内海の老人ホームで落語をさせてもらったときの感動に起因しているのかもしれない。

今、この活動の中心となっているのが、「NPO法人お笑い研究会」である。第一章でご紹介した八光信用金庫のお笑い研究会を母体として、平成一四年に大阪府の認可をうけNPO法人となった。これにより、八光信金職員のクラブ活動の位置付けから、一般の方々も含めた笑いで地域に貢献しようという志を同じくする会員の集まりとなった。

ＮＰＯ法人となってからも、信金のときと同じく会長をやらせていただいた。これは、名誉職のようなもので、会の運営は役員の皆さまにおまかせしていたのだが、一〇年経ったのを節目に、二〇一二年四月より登記上の役員である理事長に就任させていただき、会の運営についても中心となってやらせていただくこととなった。私は、ＮＰＯ法人お笑い研究会の活動を従来以上に幅広く進めていきたいとの思いが強かったので、関西大学落語大学の先輩や後輩で、今も熱心に落語をしている人たちのうち、特に親しい方々に理事や会員に加わっていただいた。これで、八光信金時代から一緒にやっているメンバーと合わせて強力なチームができ上がったと喜んでいる。嬉しいことに、今はプロの落語家として大活躍している落研の後輩も主旨に賛同してメンバーとして加わってくれた。メンバー全員、熱い意欲に燃えている。それぞれ普段は、別に仕事を持っている人たちなので、スケジュールの都合のつくメンバーで班編成をして、各地の様々な行事に呼んでいただき、笑いの輪を広げることができればこのうえない幸せである。現在、演技のできる会員が一八名在籍しており、落語、漫談、お笑いマジック、腹話術、コント、歌、ジャズダンスなどの出し物をご用意させていただいている。

費用を全部こちら持ちで行かせていただければ良いのだろうが、それでは、会の活動を長く続けていけないので、出演者の交通費プラスいくらかのご負担を主催者にお願いしている。興味のある皆さまは、ぜひ、お問い合わせいただきたい。(問い合わせ　０９０—２３５０—００９３　矢野まで)

◆

新体制の準備が整ってから、二〇一二年八月一九日の日曜日に新メンバーとなって初めての笑いの出前寄席を行った。場所は大阪府堺市のデイサービスセンターである。行事の内容は、いつものデイサービスではなく、日曜日なので、通常の利用者に加え、地域の高齢者の方々に集まっていただき、地域のご婦人たちがボランティアで美味しい昼ご飯を作って、全員で楽しく食事をする集いである。

今日の班編成は、司会とクイズ担当の巽益明さん、芸名はお笑いのマカラ（漫談のような落語のような語り部のような芸だからマカラ）、落語が二席で副理事長の高野隆宏さん、芸名は表現舎乱坊（ひょうげんしゃ　らんぼう）と私、芸名、爪田家らいむ（つめたや　らいむ）であった。

ご婦人たちの愛情のこもったお昼ご飯を、私達もご馳走になったのだが、本当に美味しかった。味ももちろんだが、皆さんと楽しくお話しながらいただいたので、益々美味しくなったのであろう。

食事の後、お笑い研究会チームの演芸をお楽しみいただいた。皆さんも喜んでおられたが、とにかく演者の私達が嬉しくて楽しくて仕方がない。優しく温かい皆さんと交流することは、こんなにも幸せになれるのだ。

その週の土曜日の八月二五日、伊賀市のかがやきの郷で行われた地域寄席にお笑い研究会メンバーが出演させていただいた。これは、伊賀市西柘植地区の地域活性化のために実行委員会の皆さんが企画し、力を入れている寄席だ。

班のメンバーは、関大落研の女性部員の応援を得て、私、爪田家らいむと表現舎乱坊、それに、信金時代から一緒にやっている副会長の安立良明さんと斉藤弘二さんのコンビである。この二人はお笑いマジシャン、アーチ＆トリックとして定評のある方々だ。

この会場にも温かい笑いが溢れ、例によって私達は至福のひと時を過ごすことができたのだった。寄席がはねて後片づけを終えてから、会場の二階の和室で打ち上げをしてくださった。実行委員の方々のお話から、地域を活性化しようとの思いがひしひしと伝わってくる。また、呼んでいただけるのであれば、力一杯お手伝いしたい。

◆

二〇一二年九月一五日、この日はＮＰＯ法人お笑い研究会理事長としての私にとって、気合の入る日となった。理事長になって初めて、お笑い研究会が主催した落語会を行ったのだ。皆さんに、お笑い研究会を知っていただくためのデモンストレーションの意味もあったので、落語会の名称も、NPO法人お笑い研究会寄席とした。

　出演者と演目は、出演順に千里家やん愚こと山田英晃さん（理事）の天狗さし、関大亭笑鬼こと西尾方宏さん（理事）のちりとてちん、表現舎乱坊こと高野隆宏さん（副理事長）の天神山、信金亭山八こと山川直樹さんの小咄アラカルト、爪田家らいむこと矢野宗宏のねずみであった。

　会場が大阪市北区の中崎町ホールであった。ご来場者が五八名、もっとたくさんのお客様にお越しいただきたかったが、事前の告知の弱さにより、このお客様の数が、私達の力だということであろう。また、たくさんの新聞社にもご案内させていただいたが、二紙の記者が取材に来られたが、いずれも記事の掲載には至らなかった。

しかし、ご来場いただいたお客様には、本当に熱くご声援していただいた。私自身も気合の入ったよい落語をさせていただけたと自負している。今後に向け、いろいろと反省点も見つかったが、とにかく自主公演もスタートできたのだ。一歩ずつ進んで行けばよいのだ。

◆

私は、福祉施設や介護施設でお笑いをやらせていただくときに、爪田家らいむ以外に、バニー宗ちゃん（ばにーむねちゃん）というキャラクターでお楽しみいただいている。頭にウサギの耳を付け、丸いめがねに赤い鼻、金色の大きな蝶ネクタイに派手なタキシード、ズボンのお尻のところには、ウサギの丸い尻尾を付けている。一種のクラウンをイメージしていただくと良いだろう。

　これは、落語ではお楽しみいただけないことがあって、申し訳ない気持ちでいっぱいになった私が考案したスタイルなのだ。このバニー宗ちゃんが、象の鼻をつけてゾウさん体操や、ひよこの口ばしをつけてピヨコちゃん体操をやらせていただく。この体操は、車椅子に座ったままでもできるので、入所者の皆さんは私の姿に大笑いしながらご一緒に体操をやってくださる。私も、皆さんが喜んでくださっているのがわかると、どんどんノッテきて嬉しくてはしゃぎまくる。

　また、着物姿で登場して、わかりやすい小咄をやったあと、演歌を大きな音で会場に響かせてもらって、コミック日本舞踊をやらせていただくこともある。いずれも、レベルとしては高いものではないかもしれないが、何とか皆さんに喜んでいただこうという気持ちは誰にも負けない。私の中のNK細胞も思い切り活性化していると思う。感動することは、充実した人生の源となるのだ。

◆

私は、信金でのお笑い研究会活動も含めて、数多くの介護施設に笑いの出前に行かせていただいた。そして、今、思うことは、様々な笑いの効用が説かれているけれど、この介護現場における笑いも、入所者や介護職員の方々に大きな力をもたらしているということである。

私が、介護施設でお笑いをした後、職員さんから、「今日は、大笑いしてスッとしました。元気になりました」とのお声をよく聞かせていただく。現実問題として、彼ら彼女達の仕事は、肉体的にも精神的にもたいへんである。皆さん、お金のために働いている方は少ない。言わば聖職である。それだけに、ハードな部分が、どうしても多くなる。

実は、私の母も認知症が進み、地元のグループホームでお世話になっている。こちらの職員さんは、優しい方ばかりで、笑いも多いのだ。母も含めて、入所者の方々は、皆さんご高齢だから、どうしても小さな失敗が多くなる。そんな時、堅い語調で呼びかけられるとフロアの雰囲気が厳しくなるのだが、こちらでは、母の失敗などにも、優しく微笑んでくれたり、時には失敗を母と一緒に笑ってくれたりするので、雰囲気がとても柔らかくなる。母だけでなく、それを見た他の方の顔にも笑いが広がったり、笑い声が伝わったりする。これがいい。

半年ほど前に入所された方は、最初は環境の変化などもあり、いつも怖い顔で、帰りたい帰りたいと泣いて、職員さんに手を上げるなど、私から見てもお気の毒であった。それが、今ではどうであろう。職員さん達の優しさと笑顔、母たち入所者達の笑いと穏やかさのおかげであろう、ご本人も、本当に穏やかに落ち着いておられる。介護にこそ笑いが、もっとも必要であろう。

◆

いつもニコニコ笑うことで穏やかに日々を送っている母だが、息子から見て母にとって、笑うこととも一つ、忘れることも大切だなと思うようになった。

認知症だから、当然、物忘れが激しいのだが、忘れることも悪いことばかりではない。人間は、悩み多き動物だから、忘れることを神が教えてくれたのだといった偉い人もあったっけ。

今から、五年ほど前に母は、乳癌になった。左の乳房にしこりが見つかって、私と妻で病院に連れて行った。診断の結果は乳癌だった。癌も、医学の進歩とともに、早期発見、早期治療によりだいぶ克服できる病となってきた。しかし、人類が長く苦しめられてきた歴史があるので、癌だと言われただけで頭がガーンとなってしまう。そして、立ち上がる気力さえ失う人が、まだまだ多いのだ。

正直、私も、お母ちゃん、もうアカンのやと思った。打ちひしがれた。しかし、本人は認知症だからわからない。これが良い。くよくよしないのだ。手術はなんと二時間で済んだ。入院もしなくて良いのだ。さすがに母も左乳房の手術あとを気にした。「ここに、線が付いてるんじゃが、どうしたんじゃろうね」私も、お母さん、乳癌の手術をしたんですよ、術後も気を付けないといけないなどとは言わない。「ああ、それはね、お母さんこの頃、どっちが右のおっぱいで、どっちが左のおっぱいかわからんようになってるでしょ、だから、病院の先生が、わかりやすいように左のおっぱいに線を付けてくれたんや」「ああ、そう」母は安心してニコニコしている。それで良い。母はくよくよ考えない。私もくよくよ考えない。それで良い。五年過ぎたが母は元気だ。

その一年ほど前、母がベッドから落ちて足を骨折した。妻と私で病院に連れて行った。診断の結果、左大腿骨が折れており、手術をしなければならない。折れたところに金属の部品を入れるのだ。この時は四日間ほど入院した。手術は成功した。車椅子に乗って母が出てきた。元気そうだ。良かった。しかし、私と妻は別室で担当の医師から残酷な言葉を聞いた。「手術は成功しましたが、ひょっとしたらお母さんは、このまま車椅子生活になってしまうことも覚悟しておいてくださいよ」「えっ、先生、手術は成功したのでしょう」「はい、成功しましたが、これからリハビリをしていただかないといけません。痛いですしね、高齢の方は、どうしてもリハビリが上手くいかない人も多いのです。結果、そのまま車椅子生活ということもあるのです」正直、私も、お母ちゃん、車椅子生活になったらどうしよう。打ちひしがれた。

手術の当日、ベッドで寝ていなくてはいけないはずの母は一人で歩き回った。手術したことを忘れているのだ。それも、点滴が気持ち悪かったのであろう。点滴の管を引きちぎって。お母さん、あんたは鉄人28号か。これが良かった。痛がりもせず、くよくよ考えない。自主リハビリである。六年経った今、母は元気に歩いている。

笑いの出前編のまとめ

私は、高座で落語をやらせていただくこともある。その時は、どうすれば、その場を共有しているお客様をもっと楽しくさせられるか、もっと、喜ばせることができるかを中心に据えて演じる。そのための笑わせ力であり、リズムでありテンポなのである。堀井憲一郎氏は、「落語はライブの中にしか存在しない。場、客、演者、このどの要素が落ちても落語は成立しない。客を目の前にして、この人たちをどうにかしたいという気迫と意識が落語をいろんな形にしてゆく。その落語家の発する'気'をどれくらい受け取れるかが、落語のおもしろさなのだ」と述べている。

私の落語の技術は、プロの落語家に比べればはるかに稚拙である。しかし、堀井氏の言う、この人たちをどうにかしたい、私の言葉では、もっと喜んでいただきたい、神の降臨を見届けていただきたい、そんな強い気はあると思っている。それが、あるときには私をバニー宗ちゃんにさせているのであろう。私は、笑いの出前をしているときが楽しい、嬉しい、だからやりたい、それで良いと思う。この本を読んで、NPO法人お笑い研究会を呼んでくださったあなたの前で落語を演じることができたら幸せだろうなぁ。

（参考　堀井憲一郎　『落語論』）

あとがき

ユーモアコンサルタントとして生きるようになってから一〇年が経ちました。日本では珍しい職業であるだけに、活動の仕方に決まったものはないと思います。だからこそ、こんなユーモアコンサルタントがいたということを書いておきたかったのです。これは、一人のユーモアコンサルタントの活動記録であると同時に、笑いというものによって新しい生き方に目覚めた矢野宗宏という一人の人間の半生記でもあるのです。

春陽堂書店様が本を書かないかと言ってくださったとき、一〇年の節目として今までの思いをしっかり書こう、そして、一人でも多くの方に読んでいただき、ユーモアコンサルタントのことを、矢野宗宏のことを知っていただこう、そんな熱い気持ちで喜び勇んで書かせていただきました。

なにぶん、未熟な私ゆえ、思いをどこまで伝えられたかはわかりませんが、どんなことであれ、何か一つでも感じ取っていただけたなら、このうえない幸せです。

最後に、支店長を辞めてユーモアコンサルタントになると言ったときに、一言の愚痴も言わず、二人三脚で歩き続けてくれる私の妻にこの本を捧げ、いつも、励まし応援してくださっている春陽堂書店の永安浩美さんに感謝申し上げます。ありがとうございます。

平成二十四年十二月

矢野宗宏

プロフィール

矢野宗宏

1956年　松山市に生まれる
1979年　関西大学法学部卒業。
　　　　（大学時代　落語研究会会長）
1979年　八光信用金庫（現　大阪東信用金庫）へ入庫
1990年　お笑い研究会発起、会長となる。
1998年　日本笑い学会理事に就任。
1999年　NHKクローズアップ現代「笑いは万能薬」に出演。
　　　　八光信用金庫志紀支店長に就任。
2002年　八光信用金庫　退職。
　　　　ユーモアコンサルタントとして独立。
　　　　NPO法人「お笑い研究会」設立。
2003年　内閣府より「生活達人」に選出される。
2009年　広島経済大学講師就任。

（著書）
『お笑いで支店長になりまして』（遊タイム出版）
『おもろい話には理由がある』（共著　PHP研究所）

ユーモア力

2013年2月10日　　初版第1刷発行

著　者　矢野 宗宏
発行者　和田佐知子
発行所　株式会社　春陽堂書店
〒103-0027
東京都中央区日本橋3-4-16
電話番号　03-3815-1666
URL　http://www.shun-yo-do.co.jp

デザイン　august design Inc.
印刷製本　日本ハイコム株式会社

乱丁本・落丁本はお取替えいたします。
ISBN978-4-394-90296-6　C0095